Guide du
[bon]
parent d'élève

Fabienne MESSICA
Gilbert CONSTANS

GUIDE DU
[BON]
PARENT D'ÉLÈVE

De la maternelle au bac

Presses Universitaires de France

ISBN 2 13 0529844
Dépôt légal – 1ʳᵉ édition : 2002, août
©Presses Universitaires de France, 2002
6, avenue Reille, 75014 Paris

Les auteurs et l'éditeur remercient Mme Anne Vallet
pour sa contribution et notamment le chapitre sur l'école privée.

Sommaire

Introduction

Comment lire un bulletin scolaire ? Comment réagir face à un « mauvais » prof ou en cas de conflit ? Le prof va-t-il se venger sur votre enfant ? Faut-il devenir membre d'une association de parents d'élèves ? Comment faire face aux nouveaux programmes, choisir la bonne orientation ou la bonne école, avoir recours ou non à des cours de soutien ?

Que faire en cas de problèmes de racket ou de vol ? À quoi sert le conseil d'école, qu'est-ce que le « projet d'école », comment se passe un conseil de classe, quelles sont les règles à l'école primaire, au collège et au lycée ? Quand, comment, nous parents, devons-nous intervenir et de quels moyens disposons-nous ?

Bref, comment ça marche et comment négocier avec un univers dont les exigences, les principes, les préjugés ne sont tout simplement pas les mêmes que les nôtres ?

Comment enfin se faire comprendre car, au bout du compte, la pression sociale et économique qui s'exerce sur les familles n'est ni comprise, ni devinée, ni perçue, ni même imaginée par de nombreuses équipes enseignantes.

Apprentis parents d'élèves

Être parent d'élève n'est pas un métier mais nécessite de solides compétences. Lorsque, pour la première fois, vous accompagnez votre enfant jusqu'aux portes de l'école, vous pensez tout simplement le confier à des gens chargés de l'instruire.

Mais tout au long de sa scolarité, vous vivrez toutes sortes de situations, vous aurez des choix à opérer et des contacts plus ou moins faciles avec le corps enseignant et les administrations.

Comment accompagner au mieux votre enfant ?

L'école, rêves, fantasmes et mythes

Tant d'espoirs se fondent sur l'école, tant de rêves s'y brisent, tant de passions se déchaînent à son sujet ! L'école est une citadelle : elle est mythique, sacrée. Elle est aussi le lieu de bien des combats : humanisme laïque contre enseignement religieux, principes élitistes contre principes d'égalité, régionalismes contre centralisme.

Tout cela s'est passé à l'école. En confiant nos enfants à cette vénérable institution, ce n'est pas à un monde pacifié mais à un univers plein de contradictions et de conflits que vous les avez confrontés.

Quelles sont ces contradictions ? Ce sont celles d'une société dont le projet est égalitaire, universaliste et ouvert mais dans laquelle, bien évidemment, les inégalités sociales brisent le rêve.

Du coup, faire de l'école un projet commun, un engagement de chacun d'entre nous, un lieu où nous défendons l'intérêt des enfants donc de tous nos enfants, se heurte à bien des intérêts : intérêts économiques (modifier les rythmes scolaires dérange l'industrie touristique, une partie des enseignants et les pouvoirs religieux) ; intérêts nationaux et parfois nationalistes (introduire de nouvelles langues, enseigner l'histoire de l'immigration), intérêts religieux (enseigner d'un point de vue historique les différentes religions heurte les laïques et les partisans d'une religion nationale) ; intérêts individuels enfin : ne pas laisser couler les plus défavorisés heurte les partisans du « les nôtres ne doivent pas prendre de retard ».

Enfin, comme dans toute entreprise, l'école est traversée par des conflits de pouvoirs (ne pas laisser les parents participer, ne pas laisser « entrer » la société). Paradoxe des paradoxes, l'école parvient même à transformer un monde dominé par les femmes (les enseignants sont la plupart du temps des enseignantes) en une société patriarcale.

Ne soyez pas surpris, l'école éduque, elle élève, elle donne la ligne. En cela, elle est patriarcale. Alors que nous parents – et même vous, les nouveaux papas – on serait plutôt « maternelles » !

Le plus beau métier du monde

Beau métier, belle mission, proche du sacerdoce. Mais dans les quartiers difficiles, « le plus beau métier du monde » tourne, nous dit-on, au cauchemar. On parle d'insécurité, d'incivilités, de violences, de baisse du niveau scolaire. On parle et, souvent, on exagère. Car l'insécurité se nourrit de l'absence, de la désertion des adultes et d'une formation souvent inadaptée des enseignants.

Mais il n'y a pas que dans les quartiers difficiles que l'école est devenue un enjeu et le lieu d'une concurrence acharnée, peu propice à la quiétude des études. À la une des journaux qui proposent chaque année des classements de collèges et de lycées, l'école est par définition le sujet « qui fâche ».

Vouloir changer l'école peut d'ailleurs faire tomber un ministre ou faire reculer un gouvernement parce que tout qui touche à l'école fait peur. Si on change l'école, que restera-t-il ? Que restera-t-il de nos valeurs ? Il faut bien comprendre que, sur cette question, ce n'est jamais, ou rarement, le point de vue pragmatique qui l'emporte. L'école, c'est notre histoire. Notre histoire à tous. On n'y touche pas comme ça. Alors, changer l'école, oui mais comment, avec qui, qui veut bien ?

Personne ne se comprend

Partout les enseignants se plaignent à la fois des élèves, de leur hiérarchie et des parents. De l'autre côté, beaucoup de parents se plaignent de professeurs parfois plus prompts à défendre des intérêts corporatifs qu'à placer l'enfant « au cœur » du système scolaire.

Côté parents, l'école est vécue comme un lieu fermé à tout dialogue et dans lequel ni les professeurs, ni l'administration n'ont de comptes à rendre sinon à une hiérarchie interne (Inspection académique ou rectorat) qui n'en demande pas tant. L'école est un monde à part, un corps qui s'abrite derrière des remparts et qui se défie de la société, donc des parents.

Problème : il n'y a aucun moyen d'éviter la société, sauf si on supprime les élèves des écoles.

Qui s'exprime à l'école ?

Ce sont principalement les classes moyennes, urbanisées, intellectualisées qui interviennent à l'école et dont le regard attentif indispose. Pour eux, l'école est un droit. Les ménages moins favorisés misent quant à eux tout leur espoir sur l'école. Pour eux, l'école est plus qu'un droit, c'est une chance. Et la parole du maître ou du professeur, pour ces familles-là, c'est une parole d'autorité. La façon dont, parfois, ces familles reconnaissantes, ces familles coopérantes sont traitées est pour le moins affligeante.

Car, sans la famille, l'école ne peut pas réussir. Les jeunes enfants, confrontés à des systèmes de valeurs qui s'affrontent et ne se reconnaissent pas réciproquement, ne choisiront pas l'école contre leur père et leur mère. Si les deux ne collaborent pas, si on méprise leurs parents ou si – mais c'est plus rare – leurs parents méprisent l'école, les enfants préféreront tout simplement échouer.

La contribution des parents

Paradoxalement, alors que le fossé se creuse entre les familles et l'institution scolaire, jamais les parents n'ont été autant appelés à contribution pour aider leurs enfants dans leur scolarité. On parle aujourd'hui de « parentalité », d'aide à la « parentalité » comme si les choses n'étaient plus naturelles et qu'être parents exigeait une formation.

Derrière cette idée, cette « pédagogie » de la parentalité, se profile une vision scolaire et issue des services sociaux.

Un bon parent est un parent civilisé

Il ne suffit pas de faire des enfants et de les élever, encore faut-il en faire des élèves pour l'école. Nous devons apprendre comment fonctionne l'école parce qu'il n'est plus possible aujourd'hui de s'en remettre à elle. Cette situation, bien entendu, aggrave les inégalités. Car certains parents ont tellement de soucis qu'ils auraient besoin de confier, réellement, leurs enfants à l'école.

Hélas, au moindre problème, ils sont sans défense et, soit ils se soumettent à ce qu'on leur impose, soit ils se révoltent mais sans arguments.

Sans prétendre résoudre un problème de société mais sans vouloir non plus se résumer à des « recettes », ce mode d'emploi vise à donner aux parents les clés du dialogue avec l'école et à démonter les rouages de ce qui demeure un système.

Des clés, car il y a des portes à ouvrir, des verrous à lever. Des clés parce que pour un parent d'élève lambda, ni la bonne volonté, ni même un bon niveau d'études ne suffisent à aider efficacement les enfants. En témoignent les mauvaises notes d'Éric Orsenna, académicien, qui racontait sur France Inter comment il avait récolté moins que la moyenne à un commentaire composé demandé à sa fille en classe de seconde !

Un bon parent est un « expert » de l'école

Non, le niveau scolaire n'a pas baissé. Non, la classe de votre enfant n'est pas nulle « au départ » comme le proclament à la rentrée presque tous les professeurs. Sans être « nuls », les élèves ont pourtant de plus en plus de difficultés à se débrouiller seuls, à développer cette fameuse autonomie dont, pourtant, on nous rebat les oreilles. L'aide des parents ou le recours à des cours de soutien scolaire s'imposent de plus en plus souvent. L'école, jalouse de ses prérogatives, ne se suffit donc pas à elle-même.

Que faire ? Si seule l'école a des compétences pédagogiques, comment peut-elle s'en remettre, en cas d'échec, à la débrouillardise des parents (laquelle dépend souvent des moyens financiers dont ils disposent) ? Eh bien, devenons compétents !

Comprendre les programmes

Ne croyez surtout pas qu'avec un bac plus 5, vous comprendrez quelque chose aux programmes actuels du second degré. Bien sûr, il est tout à fait naturel que l'enseignement évolue. Mais essayer une méthode, puis une autre pour satisfaire aux caprices de quelque brillant pédagogue sans prendre la moindre précaution est souvent désastreux. L'Éducation nationale elle-même a nommé ces expériences le « pédagogisme ».

On connaît la maladie, mais de nos jours on n'a pas encore trouvé l'antidote.

L'action collective des parents

Que vous souhaitiez adhérer, ou non, à une association de parents d'élèves, sachez que le jour où vous accompagnez pour la première fois votre enfant à l'école, vous en prenez pour plusieurs années. Mieux vaut donc partir armés de solides connaissances et rencontrer les associations de parents d'élèves. Leur expérience et leurs interventions peuvent vous être utiles.

Alors, en route maintenant et... bonne chance !

chapitre 1

Vos rapports avec l'école

Ce que l'école attend de nous

À l'école, la première chose à comprendre, c'est que « ça ne nous regarde pas ». L'équipe pédagogique définit son travail par les objectifs principaux visés dans telle ou telle classe et parfois par une méthode plus ou moins spécifique. Sur le plan pédagogique, les instituteurs comme les professeurs affirment généralement une indépendance qui ne souffre pas de débat.

Quant à l'organisation de rencontres plus ou moins régulières avec les parents pour faire le point sur la classe, ils y sont généralement opposés. Ces refus sont justifiés de la manière suivante :

premièrement, les parents ne seraient pas suffisamment intéressés par la scolarité de leurs enfants (ce sont toujours les mêmes qui viennent), deuxièmement, l'enseignant ne veut pas rendre des comptes aux parents et être jugé par d'autres que ses pairs.

Ces craintes montrent que les enseignants ont du mal à s'adapter à des parents instruits. Ils craignent la critique. Car si, traditionnellement, l'école s'est construite contre les parents, c'est pour d'autres raisons : scolariser les enfants de la campagne ou les enfants d'ouvriers, c'était retirer aux familles un apport économique parfois vital. Il fallut l'imposer.

Ces vieux réflexes de défiance se sont reproduits de génération en génération d'enseignants comme si la société n'avait pas changé et comme s'il fallait encore imposer l'instruction à des familles hostiles.

Or, c'est bien le contraire qui se passe. Non seulement les familles veulent que leurs enfants accèdent à l'instruction mais elles expriment des exigences de plus en plus fortes.

Parents : pas de questions, j'espère ?

Dans ce contexte de méfiance et de repli, on peut se demander si l'école attend réellement quelque chose des parents. À vrai dire, sur ce point, l'école est ambivalente. D'un côté, les parents sont des gêneurs, ils n'ont pas leur place à l'école. D'un autre côté, si quelque chose ne va pas, c'est, bien entendu, leur faute. On les accuse de ne pas s'intéresser à la scolarité de leur enfant. Mais trop de questions, trop de curiosité, trop de discussions au sujet des élèves, suscitent généralement plus d'agacements que d'encouragements.

Un bon parent est un parent que l'on tient en respect. En revanche, s'il se montre peu empressé pour accompagner les sorties scolaires ou préparer des gâteaux pour la fête de fin d'année, il sera jugé sans autre forme de procès ! Ainsi, aussi paradoxal que cela puisse paraître au regard de la féminisation des métiers de l'enseignement, il existe dans les écoles, et ce jusqu'au stade du collège, une très forte tendance à culpabiliser les mères. Cette attitude s'explique en élémentaire par le fait qu'il existe une part non négligeable de tâches matérielles sollicitant l'aide de parents de plus en plus indisponibles. De parents ? Non, de mères.

De la même façon, vous apprendrez, apprentis parents, qu'en cas de désaccord avec un enseignant du primaire, le rapport de force change totalement si papa accompagne maman pour l'entretien avec le prof. De toute évidence, la maman est soupçonnée de venir défendre son petit, tandis que le papa, lui, exercera, à n'en pas douter, l'autorité nécessaire sur l'enfant.

La première (et souvent dernière) réunion d'information

Traditionnellement, toute rentrée s'accompagne d'une réunion avec les parents d'élèves qui se déroule en deux temps : une réunion collective (et généralement surpeuplée) dans une salle au rez-de-chaussée (réfectoire, salle de gymnastique ou autre) et une réunion dans chaque classe avec le ou les enseignants.

Cette réunion doit être organisée à des heures compatibles avec les horaires des parents. C'est donc principalement le samedi matin que les parents sont convoqués.

Cette séance traditionnelle de la rentrée, c'est un peu comme une première au théâtre : tout le monde a le trac. Aussi, ne soyez pas étonnés si les enseignants ne prisent pas beaucoup l'exercice. Ils vous paraissent évidemment très sûrs d'eux. Certains sont méprisants et arrogants, parfois, mais la plupart sont réellement intimidés et n'aiment pas se produire en public. Il y a bien sûr à part quelques cas de « vieux de la vieille », affichant une sympathique nonchalance (derrière laquelle se cache parfois une vraie mentalité de « peau de vache ») mais la plupart des enseignants sont comme nous et nos gamins ; ils ne savent pas ce qui les attend et ne sont pas si à l'aise dans leurs baskets.

La réunion collective

La réunion collective en maternelle comme en élémentaire, au collège ou au lycée, a pour but de nous informer sur les règlements et de nous présenter les équipes pédagogiques. Ces équipes sont composées de l'assistante sociale, la psychologue scolaire, la personne chargée de l'orientation, le cas échéant, la conseillère pédagogique d'Éducation (ancienne « surveillant général »), l'infirmière et le médecin scolaire. C'est donc un véritable défilé, pas forcément drôle pour ceux qui défilent mais certains apprécient l'exercice.

Au cours de ces réunions, les informations sont plutôt générales. Elles portent principalement sur les objectifs pédagogiques : vie scolaire, méthodes, matériels, emploi du temps, organisation de la classe et à la maison. Mais pas seulement : l'exercice est parfois pédagogique. Il s'agit de nous expliquer comment être des bons parents d'élèves.

En maternelle, deux réunions collectives peuvent être organisées : l'une pour les parents de première année de maternelle et la seconde pour les autres classes. En élémentaire, le directeur d'école organise très tôt une réunion spécifique pour les parents d'élèves de CP (cours préparatoire).

Au collège, une réunion de prérentrée est obligatoirement organisée pour les parents d'enfants entrant en sixième et une réunion de rentrée pour les autres.

Au lycée, la réunion a souvent lieu au milieu de l'année

Au lycée, la réunion peut avoir lieu à distance de la rentrée mais le chef d'établissement est tenu de prévoir une rencontre au cours du deuxième trimestre entre les parents, le professeur principal et l'équipe pédagogique.

Comme la réunion du second trimestre est obligatoire, de nombreux chefs d'établissement s'abstiennent d'organiser une réunion de rentrée. C'est donc souvent en plein milieu de l'année scolaire que les parents sont informés du règlement des lycées, de certaines formalités administratives (par exemple, pour l'obtention de bourses) et de manière générale du fonctionnement de l'établissement, des programmes et des bons conseils qu'ils auraient dû suivre depuis la rentrée.

Il est à noter que, contrairement aux réunions de rentrée dans les écoles et les collèges, la réunion de milieu d'année dans les lycées est toujours un peu plus agitée. Elle permet en effet d'exprimer à mi-chemin de l'année scolaire des motifs de mécontentement qui généralement ne manquent pas : absentéisme des profs, sentiments d'injustice, incompréhensions.

À quoi sert la réunion collective ?

De manière générale, cette représentation témoigne d'une bonne intention, mais présente la plupart du temps un intérêt mineur. En effet, on peut le regretter mais, sauf en cas de difficultés majeures, nos principaux interlocuteurs tout au long de l'année sont les enseignants et non l'ensemble de l'équipe.

Malgré tout, cette réunion a une valeur de test. Tout d'abord, pour les équipes pédagogiques : à leurs yeux, la présence plus ou moins importante des parents témoigne de leur intérêt, ou de leur désintérêt, pour la scolarité de leurs enfants. Or, n'oublions pas que la profession est prompte à accuser les parents d'indifférence ou de négligence congénitale.

Pour les parents enfin – qui sont ici en situation d'observateurs – la réunion permet de détecter des signes. On s'apercevra, suivant l'attitude des équipes, que certains établissements se montrent plus ou moins ouverts ou ont un fonctionnement plus ou moins démocratique et égalitaire au sein des équipes. Dans certains cas, par exemple, les animateurs (emplois-jeunes) sont présentés comme faisant partie intégrante de l'équipe tandis que dans d'autres cas, ils n'apparaissent pas. De même, les associations de parents d'élèves sont souvent présentées au cours de ces réunions mais dans certains établissements, leur existence n'est même pas mentionnée.

Autre motif de déception : cette réunion collective est souvent une occasion ratée d'informer les parents sur le système éducatif. Il faut y assister mais en la considérant plutôt comme un observatoire. On peut en effet, sans trop forcer le trait, la comparer à un exercice de type anthropologique : vous les observez et ils vous observent, un peu comme deux peuplades se livrant à un rite d'autoreprésentation. Les chefs d'établissement en profitent d'ailleurs souvent pour nous livrer très librement – et avec un humour qu'on peut diversement apprécier selon qu'il soit archi-vieillot ou au contraire très dans le coup – leurs réflexions sur la pédagogie, les enfants d'aujourd'hui et l'éducation. Emportés par la magie du verbe, ils en oublient de nous informer sur l'organisation du système éducatif.

Certes, on peut poser des questions. Encore faut-il savoir lesquelles. Par exemple, si on ignore leur existence, comment poser des questions sur l'organisation en cycles d'apprentissage, l'orientation, les évaluations, etc.

Quant aux parents, ils ne sont pas en reste. Ils s'adonnent parfois à d'intéressants exercices d'autoflagellation. Par exemple, lorsqu'on leur annonce (les pauvres, ils n'ont pas encore pris l'habitude !) que, de prime abord, la classe de leur enfant est nulle et que ce sera dur à rattraper, ils s'écrient souvent : « *Oh, c'est terrible ! Et en plus, ils n'apprennent pas leurs leçons ? Mais comment peut-on faire pour* **vous** *aider* (pas aider les enfants, non, aider les profs à faire leur travail), *nous, on ne sait pas...* »

Bref, il faut reconnaître que la réunion – la première et la plupart du temps la dernière – est avant tout, pour les parents, le moment où ils peuvent exercer leur curiosité et voir, tout simplement, de quoi ont l'air les profs.

De tout cela, il ressort un sentiment plus ou moins positif (par exemple, le directeur est sympa ou non, vous auriez préféré pour votre enfant l'instit de gauche qui a l'air plus aimable que celle du centre, vous trouvez le professeur d'EPS très cool ou bien la classe est nulle, donc je suis nulle, je suis nul, etc.). Bref que l'exercice soit déprimant, ou au contraire rassurant, cette réunion apporte souvent peu d'informations objectives.

La réunion dans les classes

En maternelle et en élémentaire, il s'agit d'une deuxième réunion collective qui a lieu le même jour que la présentation générale mais cette fois-ci dans chaque classe. Cette réunion est importante, d'abord parce qu'elle permet de connaître le programme et la façon dont il est appliqué par l'enseignant, ensuite parce que c'est l'occasion d'un contact plus personnel et enfin – c'est l'essentiel – parce qu'il est très important pour nos enfants que nous soyons présents.

S'il y a un message d'engagement, si nous devons montrer notre intérêt pour la scolarité de nos enfants, c'est tout d'abord à eux. Alors, même si c'est loin d'être la première réunion et qu'on connaît déjà la chanson, parents, chantons encore.

Ce que l'on retient de la réunion

Certains enseignants produisent une mauvaise impression parce qu'ils sont très mal à l'aise avec les adultes et ne savent pas communiquer sur leur travail. Ils semblent distants, absents ou paraissent pressés d'en finir avec cette corvée. Ces enseignants, *a priori* peu communicatifs, peuvent se révéler non seulement d'excellents pédagogues mais également des personnes dotées d'un véritable talent et d'une grande sensibilité dans leurs rapports humains avec les enfants.

D'autres enseignants peuvent nous paraître soit trop abrupts, soit trop traditionalistes, obsédés par le niveau scolaire ou au contraire trop décontractés. Encore une fois, ce qui importe au bout du compte – et nous ne pouvons pas en présager en début d'année – c'est la façon dont chaque enfant va vivre avec cette personnalité.

Bon ou mauvais enseignant, mystère et boule de gomme...

Prenons un exemple : dans une école parisienne, une enseignante de CE1 montre en début d'année comment elle fait monter et descendre les élèves sur une échelle d'excellence affichée au fond de la classe. Elle dispose de tout un système de points en plus ou en moins, de bons points, d'images, etc. Il n'y a pas de bonnets d'âne mais c'est du pareil au même. Dans leur ensemble, les parents sont plutôt effrayés par ces méthodes désuètes et sévères. Or il apparaît clairement dès le début de l'année que les élèves, quant à eux, ne sont nullement terrorisés par la maîtresse. Quelles que soient leurs performances scolaires, ils se rendent joyeusement à l'école et éprouvent pour cette institutrice – par ailleurs sensible et affectueuse avec eux – une véritable adoration. Quelques mois plus tard, on peut voir sortir de l'école tous les enfants de cette classe, les yeux rougis et gonflés de larmes. Que s'est-il passé ? L'institutrice a-t-elle montré une sévérité excessive ? Non, elle a tout simplement plongé la classe dans le plus grand des désespoirs en annonçant qu'elle partirait avant la fin de l'année pour cause de congé maternité.

À l'inverse, le prof décontracté qui s'asseoit sur la table et nous parle, désinvolte, à l'aise, brillant, peut se révéler être une vraie catastrophe pour les élèves qu'il prépare à passer le baccalauréat en 1re ou en terminale. Certes, il a tendance, d'une manière tout à fait flatteuse, à distribuer des bonnes notes et à éviter toute remarque désobligeante. Hélas, à l'arrivée... Cependant, le résultat n'est pas forcément plus brillant avec un enseignant très motivé, très ambitieux et concurrentiel qui ne lâche pas ses élèves tant qu'il n'a pas obtenu les résultats escomptés et qui confond son métier avec une croisade. Les enfants, c'est vrai, seront au niveau, peut-être même en avance. Mais hélas, ils passeront toute leur année dans un état d'inquiétude constant, scrutant le moindre demi-point en plus ou en moins dans leur notation.

On pourrait dresser une typologie mais, à la décharge des enseignants, il faut quand même reconnaître que dans ce métier, il n'y a pas vraiment de recettes et qu'il existe des alchimies entre les adultes et les enfants, entre les enseignants et les enseignés qui font mentir toutes nos prévisions et contredisent souvent notre conception de ce qui est bon ou pas pour l'enfant.

Comment engager le dialogue avec les enseignants ?

Le corps enseignant a son code de pensée, son langage, ses propres règles et des principes hérités d'une histoire complexe où se mêlent un engagement fort pour que tous les enfants aient un accès égal à l'instruction et de puissants conservatismes. Fort de cet héritage, il estime généralement que nul, en dehors de ses pairs, n'est capable de comprendre la substance de sa mission et de l'éducation en général.

Par ailleurs, les apports récents sur la psychologie de l'enfant, les travaux de sociologie ainsi que les différents courants pédagogiques diversement connus par la profession ont une certaine influence sur l'école. Par exemple, tout ce qui concerne la psychologie de l'enfant se traduit par de nombreux préjugés : un enfant un peu lent devient « mal dans son corps », enfant à problème psychologique. Tel ou tel dessin sera interprété de manière sauvage comme traduisant un déséquilibre, etc.

Psychologie : attention, le prof, souvent, n'y connaît rien.

Pas simple de faire le tri ! Une chose en tous les cas est certaine : parents, ne vous laissez pas entraîner sur le terrain psychologique car, la plupart du temps, vous perdrez de vue des problèmes souvent plus pragmatiques mais réels. Et si vous avez vraiment un doute, consultez un vrai professionnel.

Quant à discuter pédagogie, c'est un exercice périlleux ! Inutile de dire à l'instituteur de votre enfant ce que vous pensez, vous, de la méthode dite « globale » pour l'apprentissage de la lecture. Cette méthode dont on estime aujourd'hui les effets désastreux a été officiellement abandonnée et il existe à ce sujet des recommandations fermes du ministère de l'Éducation. En évitant toute discussion sur le fond, en demeurant courtois et ouverts, tout en brandissant sans complexe les textes officiels et les rapports d'experts, vous serez entendus. Mais si vous n'êtes pas au courant, il ne vous suffira pas d'avoir raison. On vous prendra de haut. C'est pour cette raison qu'il vous faut apprendre, qu'il vous faut savoir.

Toujours les mêmes problèmes...

Les exemples de ce type sont légion. Sans prétendre épuiser toutes les situations, nous avons relevé un certain nombre de constantes, de situations rencontrées très fréquemment. À chacune de ces situations, nous essayons d'apporter ici une réponse qui n'est pas celle à laquelle on vous a habitués.

Nous sommes persuadés et nous avons expérimenté le fait que lorsque l'école, à travers une personne ou une autre, exerce un pouvoir arbitraire ou injuste, c'est parce que nous, parents, l'avons laissé faire. Nous savons également qu'il existe au sein de l'Éducation nationale des énergies et de l'intelligence qu'il faut mobiliser pour changer les modes de fonctionnement. Il n'est pas nécessaire pour cela d'être militants mais c'est une forme d'engagement qui doit aller au-delà de la défense de notre enfant à nous. C'est aussi une vigilance au quotidien. Pourquoi ? Parce que si vous laissez passer les petites injustices, quel système de valeurs, solide, pourra se construire votre enfant ? Sur quelle confiance, sur quels adultes pourra-t-il s'appuyer ?

chapitre 2

Inscrire son enfant à l'école

Qu'est-ce que l'obligation scolaire ?

On parle souvent d'école obligatoire ou d'obligation scolaire.

En réalité, dans le système français, seule l'instruction est obligatoire.

La loi prévoit que tous les enfants résidant en France, quelle que soit leur nationalité, ont droit à une instruction selon des modalités qui peuvent varier. Cette instruction peut, soit être délivrée dans le cadre de l'Instruction publique, c'est-à-dire des établissements scolaires publiques, soit dans un établissement privé, soit à domicile et sous la responsabilité des parents. Depuis 1959, cette obligation d'instruction s'applique aux enfants âgés de 6 à 16 ans.

C'est le maire de chaque commune qui contrôle l'application de la loi. Il établit une liste de tous les jeunes en âge d'être instruits et vérifie qu'ils sont inscrits dans une école publique ou privée ou que les parents ont déclaré officiellement assurer eux-mêmes l'instruction.

Attention, si vous choisissez d'instruire votre enfant à domicile, un inspecteur de l'Académie sera chargé de contrôler, au moins tous les deux ans, que l'enfant reçoit les enseignements correspondant à chaque niveau scolaire et aux programmes. Comment ? Eh bien en se rendant à votre domicile, en contrôlant les cahiers de l'enfant et en vérifiant les compétences de ceux qui sont chargés de lui délivrer un enseignement.

Assiduité scolaire : vos obligations

À partir du moment où un enfant est inscrit à l'école, l'assiduité scolaire est obligatoire et toute absence doit être justifiée. Cette règle est également valable en maternelle même si l'instruction n'est obligatoire qu'à partir de 6 ans.

Toute absence d'un élève doit être immédiatement signalée aux parents ou aux personnes responsables de l'enfant qui doivent en faire connaître le motif par écrit dans les 48 heures. **Le certificat médical n'est pas obligatoire, sauf pour garantir la guérison de l'enfant en cas de maladie contagieuse.**

Voici quels sont les motifs d'absence reconnus : maladie de l'enfant, maladie transmissible d'un membre de la famille, réunion solennelle de famille, difficulté temporaire liée à des perturbations dans les transports, absence temporaire des parents ou des personnes responsables lorsque les enfants les suivent. Les autres motifs, y compris la participation des enfants de plus de douze ans à des travaux agricoles ou maritimes, sont appréciés par l'inspecteur d'Académie qui peut demander une enquête sociale.

Les élèves qui ont manqué l'école sans motif valable au moins quatre demi-journées dans le mois sont signalés à l'Inspection académique par la direction de l'école.

L'obligation faite aux municipalités d'inscrire tous les enfants à l'école

La loi oblige toutes les communes à fournir les locaux scolaires et les moyens de fonctionnement des écoles publiques primaires (maternelles et élémentaires). Bien que l'instruction ne soit obligatoire qu'à partir de 6 ans, les maires ne peuvent pas refuser d'inscrire en maternelle des enfants de trois ans. L'article 113-1 du code de l'Éducation stipule en effet que « tout enfant doit pouvoir être accueilli, à l'âge de 3 ans, dans une école maternelle ou une classe enfantine le plus près de son domicile si sa famille en fait la demande.»

Refuser toute discrimination

Un exemple récent illustre l'obligation faite aux maires d'inscrire à l'école les enfants vivant dans leur commune sans aucune discrimination.

En mars 2001, le maire du XVe arrondissement à Paris, en accord avec le préfet de Paris, refuse de scolariser 27 enfants au prétexte que les familles habitent un squat au 193, rue Saint-Charles. Ces familles de «mal logés», soutenues par de nombreuses associations, engagent alors une procédure auprès du tribunal de grande instance et auprès du tribunal administratif. Après onze mois de procédure et de luttes, les familles obtiennent un arrêté du tribunal de grande instance faisant obligation d'inscrire immédiatement à l'école les enfants de six ans et plus. Le maire refusant toujours de se soumettre à l'injonction, c'est le préfet qui doit procéder lui-même à l'inscription des enfants. Concernant les enfants de trois ans et plus, c'est le tribunal administratif qui rend, quelques jours plus tard, une décision en faveur des familles. La municipalité est contrainte d'inscrire également en maternelle tous les enfants pour lesquels les familles ont déposé une demande.

Les disparités entre les écoles communales

Une partie des financements de l'école élémentaire dépendant des moyens financiers et de la politique communale, il existe en France une grande disparité entre les écoles. Une enquête réalisée par la Sofres en 2000 révèle que 38 % des dépenses du premier degré sont supportées par les communes, mais dans des proportions très inégales d'une commune à l'autre. Certaines écoles, notamment dans les petites communes rurales, ne vivent que grâce à l'apport financier des parents qui atteint jusqu'à 20 % des ressources pédagogiques. Cette situation aggrave bien entendu l'inégalité d'accès à l'instruction.

Autre disparité : seules les écoles élémentaires de Paris et de la Région parisienne disposent systématiquement de professeurs d'Éducation physique et sportive (EPS) et de professeurs d'Arts plastiques. En province, de nombreuses écoles n'ont pas recours à des professeurs qualifiés et confient l'éducation sportive et artistique aux instituteurs.

Pour les écoles maternelles, il faut savoir que l'obligation scolaire ne concernant pas les enfants de moins de 6 ans, les communes ne sont pas tenues d'ouvrir, ou de faire construire, des écoles maternelles. Il existe ainsi des communes rurales pauvres qui ne disposent pas d'écoles maternelles. Cependant aujourd'hui 98 % des enfants de 3 ans et 36 % des enfants de deux ans sont scolarisés.

L'inscription à l'école maternelle

Les inscriptions se font à la mairie de votre domicile au mois de mai ou de juin précédant la rentrée. Attention : il est conseillé de ne pas prendre de retard dans les inscriptions sinon votre enfant risque d'être scolarisé dans un établissement plus éloigné de votre domicile que celui de votre secteur. En maternelle, il est possible d'inscrire son enfant après son second anniversaire mais, s'il n'a pas trois ans à la rentrée de septembre, son admission dépendra du chef d'établissement et des places dont il dispose. En revanche, si l'enfant est âgé de trois ans au moment de la rentrée scolaire, son inscription en maternelle ne peut pas vous être refusée.

Les documents à présenter pour l'inscription sont les suivants :
– un livret de famille,
– un ou deux documents attestant de l'adresse du domicile (quittances de loyer, factures d'électricité...),

– le carnet de santé ou les attestations de vaccinations. En cas de contre-indication pour certaines vaccinations, une attestation d'un médecin.

Une fois munis du certificat d'inscription mentionnant l'adresse de l'école du secteur, vous devez prendre rendez-vous avec le chef d'établissement et lui présenter votre livret de famille et un certificat médical attestant que la santé de l'enfant est compatible avec la vie scolaire.

Peut-on choisir l'école de son enfant ?

La loi du 28 mars 1882 énonce le principe du libre choix de l'école par les parents. Mais cette liberté est limitée aujourd'hui par ce qu'on appelle la **sectorisation**. Chaque commune met en place, pour maîtriser les effectifs, une **carte scolaire**.

L'école fréquentée par les enfants dépend de l'adresse de leur domicile. Tout changement est soumis à une demande de dérogation motivée auprès de la mairie. Actuellement, la plupart de ces demandes sont refusées.

Lorsque les parents souhaitent scolariser leurs enfants à proximité de leur travail dans une autre commune que celle de leur résidence, ils doivent obtenir l'accord des deux maires concernés. La commune qui reçoit l'enfant est en droit de demander un financement à la commune d'origine.

En cas de déménagement en cours d'année scolaire, les formalités d'inscription doivent être effectuées dans les huit jours suivant l'installation dans le nouveau domicile. Un certificat de radiation doit être délivré par l'école que l'enfant fréquentait précédemment.

La maternelle à deux ans

« *Tout enfant doit pouvoir être accueilli à l'âge de trois ans, dans une école maternelle ou une classe enfantine, le plus près possible de son domicile, si sa famille en fait la demande. L'accueil des enfants de deux ans est étendu en priorité aux écoles situées dans un environnement social défavorisé, que ce soit dans les zones urbaines, rurales ou de montagne.* »

La scolarisation n'étant pas obligatoire avant l'âge de 6 ans, l'accueil des enfants en maternelle dès l'âge de deux ans est encore assez peu répandu. En principe, la loi prévoit que cette scolarisation précoce soit favorisée dans ce qu'on appelle les Zones d'éducation prioritaires (ZEP), c'est-à-dire des établissements classés prioritaires en raison d'un cumul de difficultés sociales des familles.

En dehors de ces cas, il est très difficile d'obtenir la scolarisation d'un enfant de deux ans quand, ni les directeurs d'école, ni les équipes enseignantes ne souhaitent favoriser cette scolarisation précoce. En effet, les enfants de deux ans demandent une attention supplémentaire et sont susceptibles de se discipliner moins bien que les autres, notamment en ce qui concerne la propreté. En l'absence d'obligation, force est donc de constater que la scolarisation ou non d'un enfant de deux ans ou de deux ans et demi n'obéit à aucune règle et dépend, soit des effectifs, soit de la bonne volonté des chefs d'établissement.

Si vous souhaitez scolariser votre enfant à deux ans et que vous vous heurtez à un refus motivé par le manque de place, vous pouvez toujours vous renseigner auprès de la mairie ou des associations de parents d'élèves pour vérifier que les classes ont vraiment atteint leur effectif maximum (généralement 25 ou 26 places). S'il s'avère que des places sont disponibles, vous disposez d'un argument pour insister auprès du chef d'établissement.

Vous pouvez également écrire au maire en lui signalant que des places sont disponibles et que la scolarisation des enfants de moins de trois ans non seulement n'est pas contre-indiquée, mais est actuellement recommandée (bien entendu dans la limite des places disponibles). Enfin si votre enfant atteint l'âge de trois ans au cours de l'année civile, vous devez maintenir la pression tout au long du premier trimestre scolaire afin qu'il soit scolarisé dès le mois de janvier. Encore une fois, en l'absence d'obligation scolaire, c'est votre ténacité qui fera la différence.

Les effectifs par classe

Les classes d'autrefois étaient très chargées : de 40 à 50 élèves par classe en élémentaire dans les années 50. Vous devez savoir qu'il n'existe plus aujourd'hui de standard national définissant le nombre d'élèves par classe. Ce sont les circulaires de rentrée qui précisent chaque année des règles plus ou moins souples. La seule norme concerne les cours préparatoires (CP) dont l'effectif ne doit pas dépasser 25 élèves par classe. En maternelle, on estime généralement qu'une classe ne doit pas dépasser 26 élèves mais, encore une fois, il n'existe pas de règles fixes.

La tendance en tous les cas est de fermer une classe quand la moyenne des effectifs est inférieure à 26 et de n'ouvrir de nouvelles classes que si les classes existantes atteignent une moyenne d'effectifs supérieure à 32 élèves.

L'inscription à l'école élémentaire

Elle doit être effectuée dans l'année civile au cours de laquelle l'élève a atteint l'âge de six ans. S'il était déjà inscrit en maternelle, cette inscription est généralement automatique. Dans le cas contraire, les formalités à effectuer sont les mêmes que pour la maternelle.

Les certificats de scolarité

À la rentrée, n'hésitez pas à demander quatre ou cinq certificats de scolarité par enfant. Ce n'est pas du tout qu'on se méfie de vous, mais presque toutes les administrations, y compris la caisse des écoles qui gère la cantine où vous inscrivez votre enfant (forcément parce qu'il est scolarisé !), vont vous demander ce fameux certificat. Pour les administrations, le certificat de scolarité, c'est un peu votre certificat à vous, de moralité !

Le financement des collèges et lycées

Le financement des locaux scolaires et du personnel non enseignant des collèges est supporté par les Départements, et pour les lycées, par la Région. C'est l'État qui recrute et rémunère le personnel enseignant et administratif et une partie du personnel de surveillance et d'entretien dans les collèges et les lycées. En revanche, dans les écoles élémentaires, le personnel non enseignant est un personnel communal.

L'inscription au collège

Elle s'effectue en principe dans le collège de votre secteur sauf dans le cas où vous décidez de scolariser votre enfant en internat. Un dossier d'inscription est délivré à votre enfant avant les vacances de printemps. Vous devez choisir une première langue étrangère et si vous le désirez une matière optionnelle (par exemple, une seconde langue). Tous les collèges organisent des réunions de prérentrée pour présenter l'établissement aux parents des élèves nouvellement inscrits en sixième. Les écoles élémentaires diffusent l'information sur la date et l'heure de la réunion de prérentrée.

L'inscription au lycée

En principe, à partir du lycée, il est possible de choisir son établissement. À la fin de la 3ᵉ, les élèves doivent remplir un dossier d'orientation indiquant la filière qu'ils souhaitent suivre et l'établissement de leur choix. Ils doivent proposer par ordre de préférence trois établissements. À Paris, ce libre choix est limité par une division géographique en 5 districts : les collégiens ne sont autorisés à choisir qu'un seul lycée qui ne fait pas partie de leur district sauf pour les lycées professionnels pour lesquels il existe une totale liberté de choix.

Dans la fiche de vœux, chaque élève doit inscrire deux ou trois couples d'enseignements dits « de détermination », par exemple deux langues vivantes et l'option lettres, puis, en face, trois lycées qui dispensent les enseignements choisis. Parmi les enseignements de détermination peuvent être choisis des enseignements plus ou moins originaux comme certaines langues rares, les arts plastiques, l'expression dramatique ou le cinéma. Les parents avertis choisissent parfois une option rare uniquement dans le but d'éviter le lycée du quartier lorsqu'il n'a pas bonne réputation. Mais ce n'est là qu'un des aspects des nombreuses négociations possibles tantôt avec le système, tantôt avec les différentes fonctions qui sont tenues à l'intérieur de ce système, tantôt tout simplement avec des individus.

Bon, mais une fois les formalités effectuées, une fois que l'enfant est bel et bien inscrit et qu'on connaît la tête des profs, une fois qu'il est assuré et qu'il a son cartable rempli, que se passe-t-il ?

chapitre 3

Premiers pas, maternelle et élémentaire : accompagner les petits

Pas facile d'accompagner les premiers pas de nos enfants à l'école. Lorsqu'en plus, de petits problèmes sont vécus comme des drames à l'école ou par votre enfant, comment rester calme, trouver la solution, aider son enfant ?

Voici les problèmes les plus fréquents

En maternelle :

L'enfant est-il « propre » ?
Votre enfant entre en première année de maternelle mais, soit la propreté n'est pas complètement acquise, soit elle semble acquise à la maison mais à l'école, les petits accidents se multiplient.

Sachez que la sensibilité des enseignants sur cette question est éminemment variable. Mais ce sont les agents territoriaux spécialisés des écoles maternelles (c'est-à-dire des dames de service) qui sont chargés de changer l'enfant. Par conséquent, inutile de trop plaindre l'enseignant. Si ces petits accidents « perturbent le déroulement de la classe », il ne faut pas non plus oublier qu'à la maternelle, l'organisation de la journée doit rester souple.

Les « petits accidents »

Si au moment où vous amenez votre enfant ou à la sortie de la classe, l'enseignant aborde la question devant tout le monde, réclamez immédiatement la discrétion. Demandez-lui un rendez-vous en présence de l'assistante spécialisée. S'il y a surcharge de travail, c'est pour cette assistante et non pour l'enseignant.

Le rendez-vous avec l'instituteur et l'assistante spécialisée

Ces assistantes spécialisées jouent un rôle essentiel en maternelle. Elles adoptent souvent des attitudes plus maternelles, plus compréhensives que les enseignants. Si elles « bougonnent », ce n'est jamais en culpabilisant l'enfant, ni en lui faisant sentir qu'il est une gêne pour la collectivité.

En les prenant en considération, vous améliorez la situation de votre enfant et vous incitez l'enseignant à dédramatiser.

Au cours de l'entretien, rappelez que c'est l'enfant qui traverse des difficultés face aux équipes éducatives et aux autres élèves. Insistez sur le fait que la façon dont interviennent les assistantes spécialisées et la manière dont réagit l'enseignant ont une influence décisive sur l'évolution du problème.

Vous êtes conscients de la surcharge de travail occasionnée par ce problème et prêts à collaborer pour aider votre enfant et les équipes éducatives.

La propreté : un problème d'ordre pratique

Si malgré votre intervention l'enseignant n'accepte pas la situation, demandez un rendez-vous en présence du directeur d'école.

Demandez-leur ce qui les gêne vraiment puisque l'assistance spécialisée ne se plaint pas.

Il est possible, à ce moment-là, de discuter et de proposer une stratégie commune, incluant éventuellement l'intervention d'un psychologue.

Ce mot ne doit pas vous effrayer. En effet, le recours au psychologue ne signifie pas que votre enfant a un vrai problème : le fait pour un enfant de trois ans de ne pas avoir pleinement acquis la propreté n'a, en soi, rien d'anormal.

C'est seulement par rapport à la contrainte sociale de l'école et à sa norme, qui est avant tout pratique, que cette situation devient problématique. N'hésitez pas à le rappeler à vos interlocuteurs et à refuser tout jugement de valeur sur l'enfant ou sur sa famille (c'est-à-dire sur vous !).

Quant au rôle du psychologue, sachez qu'il peut devenir – une fois n'est pas coutume – une arme pour les parents. Dans la situation, son rôle est celui d'un médiateur, pas d'un thérapeute. Cette médiation est utile parce que le psychologue est un expert reconnu par l'instituteur et pas vous.

Refuser l'exclusion

Enfin, ne vous laissez pas intimider par une éventuelle menace d'exclusion de l'école. Cette menace est psychologique comme d'ailleurs toute l'affaire. Elle atteint le moral des familles qui, parfois, retirent leur enfant de l'école.

En réalité, il est pratiquement impossible d'exclure un enfant pour ce genre de motif. Car, si on vous fait remarquer qu'il est moralement inacceptable que le déroulement de la classe soit perturbé par un élève, il est tout aussi moralement inacceptable d'exclure un élève pour une gêne qu'il cause involontairement. Même si ne pas être propre à trois ans était un handicap, eh bien, les enfants handicapés ont le droit d'être scolarisés dans les écoles publiques exactement comme les autres.

Dans des situations où il n'existe pas de règles – mais dans lesquelles s'exercent des pressions psychologiques – l'arme principale est le raisonnement. Non pas forcément pour convaincre mais pour opposer aux sentiments passionnels des arguments de bon sens. Il faut savoir que certains enseignants ressentent ces « petits accidents » comme une agression volontairement dirigée contre eux. Certes, on peut considérer qu'il s'agit là aussi d'un langage mais quant à le décoder, parents, enseignants, restons modestes !

Un autre argument fréquent des enseignants, directeurs ou directrices d'écoles, consiste à justifier une éventuelle exclusion par l'intérêt même de l'enfant : comme votre enfant n'est pas propre, il n'est pas heureux à l'école. C'est donc pour son bien qu'il vaudrait mieux le retirer au moins momentanément. La réponse à cet argument est simple : quelles que soient les raisons des difficultés de l'enfant à s'adapter à cette exigence précise, l'exclusion sera de toute façon vécue comme une sanction. Il faut la refuser.

Si vous ne vous en sortez pas...

Lorsque l'école et les familles ne peuvent plus s'entendre, l'enfant qui est pourtant au centre du désaccord finit par être tout simplement oublié. Il y a une dynamique de l'affrontement qui fait perdre de vue jusqu'à son objet. Le rôle du psychologue est alors de ramener l'enfant au centre de cette affaire et de le faire entendre.

On peut discuter à l'infini de la valeur des théories sur lesquelles s'appuie la psychologie de l'enfant. Mais face à l'école et en cas de désaccord, la question ne se pose pas dans ces termes-là.

Il s'agit avant tout d'introduire un tiers et un tiers reconnu. Le recours au psychologue permet de déverrouiller les situations. Il rassure les équipes pédagogiques. Même si les résultats ne sont pas rapides, son intervention calme le jeu. Par ailleurs, le recours aux psychologues est aujourd'hui complètement banalisé et n'est plus associé principalement à des pathologies lourdes.

Les centres médico-psycho-pédagogiques qui existent dans pratiquement toutes les villes disposent de psychologues habitués à travailler avec l'école et à résoudre de nombreux problèmes. N'hésitez pas à avoir recours à eux et n'en ayez pas peur.

Consulter un psychologue ne signifie pas qu'en soi, le problème est sérieux. Mais il faut veiller aux conséquences causées par les réactions des adultes.

Alors, au lieu de laisser l'école vous martyriser, confiez le problème à une personne extérieure.

Le dessin en maternelle

Voilà une situation fréquente... et désarmante. Jusqu'à l'entrée en maternelle, votre enfant dessinait à longueur de journée et vous vous extasiiez, à juste titre, sur cet art enfantin.

Mais voilà qu'une fois entré en maternelle, votre enfant doute de lui-même. Il pense qu'il ne sait plus dessiner, il perd sa spontanéité et son aisance, il s'applique péniblement et finalement, il ne parvient réellement plus à dessiner.

Que s'est-il passé ? Il faut comprendre que, en maternelle, pratiquement toutes les activités visent à « structurer » l'enfant. En dessin, il s'agit notamment :

– d'un entraînement à la précision dans les tracés,

– de l'élaboration de codes graphiques permettant d'améliorer la lecture du dessin par autrui,

– d'un travail sur la hiérarchisation des différents éléments du dessin : qu'est-ce qui est important, qu'est-ce qui est moins important.

Ce travail modifie le statut du dessin. On pourrait le résumer ainsi : le dessin devient une écriture. Autrefois, votre enfant savait dessiner mais, en **apprenant** à dessiner à l'école, il ne sait plus dessiner librement. Pourquoi ? Parce qu'il perd cette relation privilégiée et « naturelle » à l'activité de dessiner.

À cela s'ajoute le travail sur l'écriture. Votre enfant apprend :
– à utiliser tout l'espace d'une feuille,
– à réaliser plusieurs types de tracés,
– à copier des formes régulières et des mots,
– comment fonctionne l'écriture alphabétique,
– à contrôler les tracés de l'écriture cursive.

Ce double travail sur le dessin et l'écriture a presque toujours pour effet, du moins dans un premier temps, de priver l'enfant de la relation spontanée qu'il avait avec l'activité de dessiner.

Il existe en maternelle un mot qui témoigne bien de ce qui se passe dans la tête des enfants : ils distinguent tout simplement un dessin de ce qu'ils appellent un « gribouillage ». Qu'est-ce qu'un gribouillage ? C'est un dessin non maîtrisé, non « structuré », c'est de l'expression pure, bref, ce n'est pas un dessin d'école.

Que faire si l'enfant croit qu'il est un « raté » ?

Cette situation peut se traduire par de réelles blessures narcissiques et par l'impossibilité de continuer, même à la maison, à réaliser des dessins à longueur de temps comme autrefois.

Certains enfants ont des cauchemars. Ils ont peur de ne pas bien dessiner, de ne pas bien découper, etc. Tout dépend de la pression qu'exercent l'enseignant et parfois, par imitation, la classe.

Si vous dites à votre enfant que ses dessins sont formidables, il ne va pas vous croire. Il croit le prof. Pas facile de lui expliquer la différence entre le travail exécuté à l'école et la création libre.

Montrez-lui des dessins abstraits dans des livres ou dans des musées. Demandez-lui si, pour lui, ce sont des gribouillages. Sans dévaloriser le travail fait à l'école, introduisez une distinction entre les exigences scolaires et les activités hors école. N'essayez pas de le convaincre à tout prix. Après tout, si pour lui, dessiner est devenu un travail, c'est parce que les premiers apprentissages en maternelle valorisent le travail.

Par contre, s'il existe une trop forte pression au sein de la classe, il faut demander un entretien à l'enseignant. Il vous expliquera ses objectifs pédagogiques. Quant à vous, vous décrirez la manière dont votre enfant vit cette pression. Demandez à l'enseignant d'être plus explicite et de dire aux enfants pourquoi les dessins d'école sont différents des dessins qu'ils exécutent habituellement.

Un peu de bon sens et une pincée de science

Si malgré tout vous n'obtenez aucune amélioration, n'hésitez pas encore une fois à faire intervenir un tiers. Voici un exemple :

Une institutrice de maternelle a l'habitude d'inscrire sa classe chaque année à des concours organisés par la mairie au mois de décembre. Presque à chaque fois, sa classe obtient un premier ou un deuxième prix. Dans ce but, elle exerce les trois premiers mois de l'année une forte pression sur les élèves.

La classe doit réaliser des objets, dessins et découpages à la chaîne. Lorsqu'un enfant n'est pas assez performant, elle exige qu'il s'exerce à la maison. Chez certains élèves, cette pression provoque des cauchemars et des conflits éclatent avec les parents. En effet, ces enfants « pas assez performants » sont en réalité parfaitement dans la norme. Ce qui n'est pas normal, bien entendu, c'est l'exigence de l'institutrice et son acharnement. Malgré des rendez-vous, des entretiens et l'intervention de la directrice, la tension entre les parents et l'institutrice ne décroît pas. Par ailleurs bien évidemment, tous les parents ne sont pas d'accord entre eux. Certains parents approuvent la course à la performance engagée par l'institutrice, d'autres la critiquent sévèrement.

Au plus fort du conflit, un des parents a une idée : il se rend chez un psychologue spécialisé auquel il demande une expertise sur le niveau de son enfant. Il explique clairement à son enfant l'objectif de sa démarche : c'est un objectif pédagogique destiné à l'institutrice.

Des tests sont effectués et le résultat – l'enfant est parfaitement dans la norme – est envoyé accompagné d'une lettre à la directrice de l'école et à l'institutrice. La lettre mentionne la possibilité pour l'institutrice de rencontrer, si besoin est, le psychologue. Le choc est rude : il met fin et de manière immédiate à toute forme de pression.

Non seulement l'élève en question ne subit, à la suite de cette intervention, aucune brimade mais le résultat, pour l'ensemble de la classe, est positif. On respire, on se calme. L'intervention d'un tiers a apporté un peu de bon sens dans un conflit passionnel entre une institutrice trop motivée et des parents inquiets pour leur enfant.

Il faut savoir que la notion de performance normale pour un enfant en fonction de son âge est éminemment variable. Il y a certes des seuils. Mais ils ne se confondent pas avec l'objectif personnel de tel ou tel enseignant ou l'obsession particulière d'un parent. Le psychologue spécialisé, en introduisant un repère scientifique, rassure tout le monde : il rassure tout d'abord l'enfant, puis les parents, enfin l'institutrice qui n'a pas à craindre un échec puisque « tout est normal ». Ouf !

Les devoirs à la maison

C'est, par excellence, la pomme de discorde. En maternelle, il n'y a pas de devoirs à la maison. En élémentaire, les devoirs écrits sont interdits officiellement par les textes de 1956 et de 1971. Cependant, l'habitude de donner des exercices écrits correspondant au travail effectué dans la journée persiste.

Il y a trop de devoirs

Si vous estimez que ce travail supplémentaire est excessif, n'hésitez pas à demander un entretien à l'enseignant. C'est très simple : vous lui rappelez les textes. Il est probable que l'enseignant vous répondra que d'autres parents ne sont pas d'accord avec vous. Certains enfants, vous dira-t-il, ont vraiment besoin de travailler en dehors des heures de classe et de toute façon, tous les enseignants donnent des devoirs écrits à la maison.

La première chose que vous devez faire, c'est de rappeler la loi. Vous pouvez aussi négocier avec l'enseignant une diminution de la quantité de devoirs, pas plus d'un quart d'heure ou d'une demi-heure par jour. S'il refuse, vous pouvez exiger la suppression pure et simple de tous devoirs écrits.

Quant aux autres parents, s'ils ne sont pas d'accord, tant pis. La loi est faite pour éviter que chacun ne fasse selon son goût.

Il n'y a pas assez de devoirs

C'est vous qui le dites ! Encore une fois, en élémentaire, les devoirs écrits non seulement ne sont pas obligatoires mais ils sont... interdits ! Si vous pensez que votre enfant a besoin de travailler à la maison, s'il a besoin d'un soutien scolaire, cela n'entraîne nullement pour l'enseignant l'obligation de donner des devoirs à l'ensemble de la classe. En revanche, n'hésitez pas à rencontrer l'enseignant et à lui demander des conseils pour effectuer des révisions à la maison avec votre enfant.

Évitez aussi trop de comparaisons : ce n'est pas parce que, dans telle ou telle classe, les élèves ont deux heures de travail par jour à la maison que leur scolarité sera meilleure. Il y a un programme, il est suivi : c'est suffisant.

L'apprentissage de la lecture

Il existe actuellement trois méthodes d'apprentissage : la méthode dite « syllabique » ou « analytique », la méthode dite globale et la méthode « semi-globale ». La méthode syllabique est la méthode traditionnelle, basée sur l'identification des lettres et des phonèmes ou syllabes.

La méthode globale propose une approche globale du mot. Le mot est d'abord lu comme un signe – exactement comme un sigle publicitaire est reconnu –, ensuite, il est décomposé par syllabes.

Entre ces deux méthodes, il existe des compromis, du « plus ou moins syllabique » ou du « plus ou moins global ».

La méthode globale qui semblait beaucoup plus séduisante que le sempiternel « Peuh, PEUH A, PA PEUH, A, PAPA ! » fait actuellement l'objet de nombreuses critiques. Elle est notamment accusée de provoquer une mauvaise orthographe. À vrai dire, il n'existe pas actuellement de travaux significatifs permettant de trancher. Mais comme les enseignants sont souvent revenus à la méthode syllabique, c'est peut-être parce que la méthode globale n'était pas satisfaisante.

Voici ce qu'on peut en lire dans le bulletin officiel du ministère de l'Éducation nationale, daté du 14 février 2002 :

« Certaines méthodes (méthodes globales, méthodes idéo-visuelles) proposent de faire l'économie de l'apprentissage de la reconnaissance indirecte des mots (NDLR : méthode syllabique) de manière à éviter que certains élèves ne s'enferment dans cette phase de déchiffrage réputée peu efficace pour le traitement de la signification des textes. On considère souvent aujourd'hui que ce choix comporte plus d'inconvénients que d'avantages : il ne permet pas d'arriver rapidement à une reconnaissance orthographique directe des mots, trop longtemps appréhendés par leur signification dans leur contexte qui est le leur plutôt que lus.

On peut toutefois considérer que la plupart de ces méthodes, par le très large usage qu'elles font des activités d'écriture, parviennent aussi à enseigner de manière plus ou moins explicite les relations entre graphèmes et phonèmes. Il appartient aux enseignants de choisir la voie qui conduit le plus efficacement tous les élèves à toutes les compétences fixées par les programmes (les compétences de déchiffrage de mots inconnus en font partie). »

Et, plus loin, on enfonce le clou : « *À la fin du premier cycle des apprentissages fondamentaux, les élèves doivent utiliser de manière privilégiée la voie directe. Elle leur permet une identification quasi instantanée des mots et facilite donc la compréhension en soulageant la mémoire d'une part, en permettant une signification plus sûre et plus complète de l'autre.* **Cet accès direct suppose que les élèves aient mémorisé la forme orthographique (et non l'image globale)...** »

Pas de pilote dans l'avion

Traduisons : il semble de plus en plus clair que la méthode globale n'est pas appropriée. Cependant, les enseignants sont libres de leur pédagogie à condition toutefois d'atteindre les objectifs. Et s'ils ne les atteignent pas ? C'est le piquet, le bonnet d'âne ?

À lire la manière obséquieuse, pleine de sous-entendus et de précautions hypocrites avec laquelle l'Éducation nationale s'adresse à ses hussards, on reste pantois. Pour les enseignants qui rencontrent chaque jour sur le terrain des problèmes concrets, ce discours obscur est insupportable. À eux de se débrouiller sans pilotage, à l'instinct, aux convictions, à l'expérience, bref, tout seul.

Malgré l'abondante littérature sur les programmes et la pédagogie, malgré l'ambition des plans, malgré le rôle central de l'école dans la société française, et pour la République, et la multiplication des dispositifs, il faut le dire : il n'y a pas de pilote dans l'avion.

Pis, si vous essayez de lire les recommandations du ministère de l'Éducation nationale ou les orientations des experts pédagogues à l'adresse des enseignants, croyez-moi, vous n'aurez qu'une idée : leur demander le logiciel de traduction. Certes, le jargon n'est pas un monopole de l'Éducation nationale. Mais dans ce domaine, c'est le cas de le dire, elle n'a de leçons à recevoir de personne !

Il y a de grands objectifs. L'Éducation nationale s'exprime avec grandiloquence. Mais elle ne définit rien : ni méthode précise, ni autonomie relative de chacun des intervenants dans l'école.

Alors quand vous, parents, vous voulez discuter avec l'enseignant de sa méthode d'apprentissage de la lecture, forcément, il ne le prend pas très bien. Une bonne méthode cependant : dites-lui que vous aussi, vous avez eu un mal fou à décrypter les orientations du ministère de l'Éducation nationale.

chapitre 4

Manger à l'école

La restauration scolaire est gérée par un service municipal : la caisse des écoles. Mais la gestion des cantines peut être concédée à des associations loi 1901 ou à des entreprises. Néanmoins, c'est la caisse des écoles qui établit le cahier des charges, c'est-à-dire les exigences en matière de qualité et de sécurité alimentaire. En tant que parents d'élèves, vous pouvez devenir sociétaire de la caisse des écoles par une simple adhésion. Et intervenir avec exigence sur le cahier des charges.

La restauration scolaire

Elle concerne 6 millions d'enfants (un enfant sur deux) dont 3 millions dans le primaire. 1 milliard de repas sont servis chaque année. Alors que dans les collèges et les lycées, les repas sont souvent, sinon préparés sur place, du moins assemblés dans la cuisine de l'établissement, il n'en est rien dans les écoles primaires. Les plats arrivent le plus souvent prêts à réchauffer ou à consommer sur place.

On distingue deux modes de préparation de ces repas : la liaison chaude et la liaison froide.

La liaison chaude

Les repas préparés le matin sont transportés chauds et consommés le jour même.

La liaison froide

Après la préparation, les repas sont refroidis et stockés en chambre froide, parfois deux à trois jours, avant d'être transportés sur le lieu de consommation et réchauffés si nécessaire. La plupart des restaurants scolaires choisissent la liaison froide qui simplifie le transport des denrées, limite les risques de contamination et semble plus économique.

Le prix des repas

Dans l'enseignement élémentaire, le prix du repas est déterminé chaque année par arrêté municipal. Il représente en général deux tiers de son coût réel. Par exemple, sur Paris, le coût moyen de chaque repas est de 5 euros (32 F). La hausse annuelle du prix des repas est réglementée et ne peut pas dépasser 2 %, sauf dérogation préfectorale. Dans l'enseignement secondaire, le prix est fixé par décision du conseil d'administration.

Les problèmes les plus fréquents

En général, l'équilibre alimentaire des menus correspond à peu près aux besoins moyens des enfants, bien que ces besoins soient variables en fonction de l'âge, de la taille et du sexe. Certains enfants cependant ne consomment pas une partie du repas soit parce qu'ils n'aiment pas tel ou tel ingrédient, soit parce qu'ils manquent de temps. Le manque de surveillance et d'accompagnement est donc bien souvent responsable d'une mauvaise alimentation des enfants en élémentaire.

Le goût

Compte tenu du mode de préparation et de refroidissement des repas, la plupart des aliments sont particulièrement insipides. D'où la tendance à rajouter des sauces dont la composition est discutable aussi bien au point de vue gastronomique que diététique.

Les allergies alimentaires

Environ 7 % des enfants ont un problème d'allergie ou d'intolérance alimentaire, mais seulement 12 % sont signalés par les parents par crainte d'une exclusion.

Depuis novembre 1999, une circulaire de l'Éducation nationale prévoit la mise en place d'un projet d'accueil individuel pour tout enfant ou adolescent nécessitant un régime alimentaire spécifique. Deux solutions sont possibles : demander au gestionnaire ou à la caisse des écoles de prévoir des menus spéciaux écartant tout risque de réaction allergique ou préparer vous-même un panier-repas que l'enfant pourra consommer à la cantine. Pratique !

Le porc

Pour des raisons religieuses, une partie des élèves ne mangent pas de porc. En élémentaire, le porc est invariablement remplacé par un œuf dur.

Attention, le personnel municipal qui sert dans les cantines a parfois des réactions hostiles au refus de manger du porc. Ainsi, une élève qui s'appelle Brigitte Leroy et ne mange pas de porc pour des raisons confessionnelles s'entend répondre : « *Tu ne manges pas de porc, toi, avec un nom pareil ! Et puis quoi encore ! Tiens, prends la viande et fais pas d'histoires.* »

À signaler évidemment au chef d'établissement qui réglera le problème.

La sécurité alimentaire

Outre la mise au point de cahier des charges précis et exigeants, la sécurité alimentaire relève d'une réglementation sanitaire dont le contrôle est effectué par la Direction départementale des services vétérinaires (DDSV) du ministère de l'Agriculture et de la Pêche et la Direction départementale des affaires sanitaires et sociales (DDASS) du ministère de la Santé.

Ces contrôles se déroulent à l'improviste en présence du chef de cuisine et du chef d'établissement. Ils concernent le respect des règles d'hygiène à chaque étape de la préparation, de la conservation et de la distribution des repas ainsi que la propreté des locaux et des matériels utilisés.

Par ailleurs, chaque établissement a l'obligation d'élaborer annuellement un plan de formation du personnel d'encadrement du temps de repas, notamment en matière d'hygiène alimentaire.

L'un des problèmes les plus importants est celui de la traçabilité des aliments, autrement dit leur provenance, leur histoire et leur voyage. C'est un problème complexe car même avec une législation très sévère, il existe toujours des risques qu'à un stade ou à un autre de la chaîne alimentaire, des fraudes aient lieu.

Depuis le 1er janvier 2002, toutes les viandes bovines, hors les viandes hachées, doivent faire apparaître sur l'étiquette un code de référence permettant de connaître l'origine de l'animal, son pays de naissance et d'élevage, le pays d'abattage et le numéro d'agrément de l'abattoir, le pays de découpe et le numéro d'agrément de l'atelier de découpe. Pour les viandes bovines hachées, l'étiquette doit mentionner aussi le pays de transformation de la viande.

À ces critères, vous pouvez demander à la caisse des écoles d'ajouter dans son cahier des charges les mentions « label rouge » ou « bio », sachant que le bio représente un surcoût d'environ 0,46 euro par repas et que le procédé de production est peu compatible avec la livraison de quantités industrielles.

Vous pouvez également, sur simple demande, consulter le carnet de bord du gestionnaire : bon de livraison, code produit, dénomination, identification du fabricant, conditionneur, dates limites, liste des ingrédients (présence d'OGM, d'allergènes). Sachez que tout produit comportant plus de 1 % d'OGM doit comporter, selon la législation en vigueur, la mention « avec OGM ».

Le caractère éducatif du repas de midi

Il existe aujourd'hui toutes sortes d'initiatives pour transformer le repas en une action éducative dans le prolongement de la vocation « civique » de l'école. Apprendre les différents goûts fait partie également de cette fonction pédagogique des repas. Malheureusement, le manque de personnel réduit souvent ce projet à de bonnes intentions... jamais réalisées.

Deux services de cantines

L'interclasse a lieu généralement entre 11 h 30 et 13 h 30.

Dans la plupart des écoles élémentaires, il y a deux services de cantine. Les repas sont servis par le personnel municipal (caisse des écoles) et les surveillants se répartissent généralement entre le réfectoire, la cour, le préau et la bibliothèque.

Le manque de personnel pose actuellement de nombreux problèmes. L'interclasse n'est ni un moment de réelle détente, ni un moment éducatif. En tant que parents d'élèves, vous pouvez mettre ce problème à l'ordre du jour des conseils d'école. Et vous battre pour que l'interclasse soit vraiment un moment de détente. Il y va de la santé des enfants qui déjeunent souvent dans des conditions de stress et de bruit peu propices à la détente.

chapitre 5

La santé à l'école

Jusqu'à 6 ans, votre enfant dépend de la Protection maternelle et infantile (PMI). La PMI travaille avec le service de santé de l'école et procède aux visites, contrôle, éducation à l'hygiène et à la santé. *Au cours de la scolarité, trois bilans de santé, obligatoires, sont effectués à l'école.*

Vos obligations

Vous devez fournir les attestations de vaccinations obligatoires mais vous n'êtes pas obligés de fournir le carnet de santé, pour motif de secret médical.

Les vaccinations obligatoires sont : le BCG, la diphtérie, le tétanos et la poliomyélite.

Cependant, si votre enfant n'a pas été vacciné, ce n'est pas un motif d'exclusion. L'obligation d'assiduité scolaire prime sur l'obligation de vaccination.

Maladies contagieuses entraînant l'exclusion provisoire de l'enfant

Votre enfant sera momentanément séparé de la collectivité (donc exclu de l'école) en cas de coqueluche, diphtérie, méningite, poliomyélite, rougeole, oreillons, rubéole, streptocoques, teignes, tuberculose respiratoire, hépatite A, impétigo, varicelle. Les infections par le VIH, le virus de l'hépatite B ou la pédiculose n'entraînent pas d'exclusion.

Visites médicales

La première, obligatoire, a lieu au cours de la 6ᵉ année de l'enfant, à l'entrée en CP. La présence des parents est souvent souhaitée.

Il s'agit d'un examen complet comprenant : le développement de l'enfant, sa psychomotricité, le langage, l'acuité visuelle et auditive, un examen dentaire et la vérification des vaccinations.

Le second bilan obligatoire a lieu au moment de l'entrée en 6ᵉ. Un troisième examen est obligatoire à la fin du collège en cas d'orientation professionnelle.

Enfant malade

Vous devez informer l'établissement de l'absence de l'élève et de son motif. Au retour de l'enfant, vous devez fournir un mot d'absence. La fourniture d'un certificat scolaire n'est pas obligatoire, sauf en cas de maladie contagieuse.

La prévention à l'école

Tout au long de sa scolarité en primaire, votre enfant sera régulièrement examiné, notamment dans le domaine dentaire et psychomoteur. Les médecins et les infirmières doivent également aujourd'hui participer au dépistage précoce des troubles du langage.

Enfant malade ou handicapé
scolarisé normalement

Si l'enfant doit prendre des traitements à des heures précises, en temps scolaire, un projet d'accueil individualisé doit être mis au point afin de définir les modalités de prises de médicaments (la plupart du temps dans le bureau du chef d'établissement).

La possibilité de prendre des médicaments par voie orale, inhalée ou par injection est également prévue en cas d'urgence.

chapitre 6

Un bon prof
pour votre enfant?

Et vous, votre fille ça va ?
– Ah non, elle a pas de chance, elle est tombée sur Machin !
– Je vous comprends, Vincent l'a eu en 5ᵉ, c'est terrible...

Quelle tâche plus noble que d'éduquer les enfants ? Quelle mission plus importante que de les amener à la citoyenneté, forts de tout ce qu'il faut pour affronter leur vie d'adulte, au travail et en dehors ?

L'État y consacre plus de 50 milliards d'euros (350 milliards de francs) par an et dans le second degré la France dépense entre 6 000 et 7 500 euros (40 à 50 000 F) par élève selon les sections, un des chiffres les plus élevés du monde.

Ceux qui sont chargés d'une telle mission devraient donc être les meilleurs d'entre nous. Car tout édifice scolaire repose sur la qualité des maîtres. À quoi servirait-il d'avoir de beaux locaux si l'enseignement transmis ne permettait pas à nos enfants de progresser ? Dans l'idéal, la société serait donc en droit d'attendre le meilleur professeur possible pour chaque heure de cours donnée. Mais le système le permet-il ? Pas toujours...

Le recrutement des profs

Le mode de recrutement des maîtres est la première source de malentendu. On forme les maîtres à enseigner à un élève idéal, issu des élites et ce n'est pas la majorité des élèves. L'Éducation nationale, l'employeur, se trompe sur les compétences requises pour enseigner.

Par ailleurs, aussi ahurissant que cela puisse paraître au vu des enjeux, il n'existe, pour ainsi dire, aucune sanction à l'encontre du maître qui fait mal son travail.

Dans le corps enseignant coexistent donc, comme partout ailleurs, des individus aux talents très divers. Ils font, selon les cas, d'excellents maîtres, des maîtres juste moyens et parfois, il faut le dire, des maîtres exécrables. Les statuts de l'Éducation nationale ne permettent pas vraiment de récompenser les meilleurs ni de sanctionner les moins bons... pas même d'écarter les pires ! C'est en partie parce que Claude Allègre, ministre de l'Éducation nationale entre juin 1997 et mars 2000 a voulu réformer ce système, qui fait des profs des intouchables, qu'il a fini par être évincé. En partie seulement puisque sur la question des programmes, de nombreuses erreurs ont été commises. Par exemple, le ministre était obsédé par les études scientifiques et il ne saisissait pas l'importance de la culture humaniste dans la formation de l'esprit critique des élèves.

Quoi qu'il en soit lorsqu'il s'agit de l'école, les politiques finissent par y perdre leur latin face à des interlocuteurs qui, souvent, refusent tout changement...

Pas de sanctions

Les parents doivent prendre conscience que l'Éducation nationale ne peut sanctionner officiellement ses maîtres lorsqu'ils se montrent incompétents. Vous pouvez être tentés de protester contre cet arbitraire qui s'exerce contre l'intérêt des enfants et pour la seule protection d'une corporation. Vous pouvez donc combattre dans l'avenir pour remettre l'enfant au centre du système éducatif : c'est pour lui que l'école est faite, c'est autour de lui qu'elle doit se structurer.

Mais en attendant des réformes de fond, vos chers petits risquent d'être devenus grands. Ce sera donc à vous de prendre la relève dans les cas extrêmes. Il va s'agir de faire pression sur le chef d'établissement, à qui il reste une petite marge de manœuvre...

La notation des maîtres : entre Ubu et Kafka

À ceux qui trouveraient les propos précédents un peu trop violents, voici quelques explications sur le fonctionnement interne de l'Éducation nationale.

Un enseignant est jugé sur 100. Une note administrative sur 40, une note pédagogique sur 60. Jusque-là, rien à dire. Sauf que la mise en application de ce système de notation est invraisemblable.

Car les notes dépendent de l'échelon qui dépend, avant tout, de l'ancienneté. Quand on débute dans le métier, on ne peut donc pas avoir de trop bonnes notes. À l'inverse, un ancien ne peut pas en avoir de trop mauvaises.

La note administrative

La première note administrative est donnée par le chef d'établissement qui, entre parenthèses, n'a pas de pouvoir hiérarchique sur le prof. Elle prend en compte la ponctualité, l'intérêt manifesté aux élèves, etc. Sauf que cette première note se situe toujours entre 32 et 33, jamais au-dessus, jamais en dessous.

Il existe une grille nationale en fonction de son échelon : à l'échelon 9 par exemple, on <u>doit</u> être noté entre 35,5 et 37. La moyenne nationale étant à 36,20. Il existe une commission de « péréquation nationale » chargée de résorber les trop gros écarts. Si un débutant a de trop bonnes notes, il peut s'attendre à une sorte de réajustement pour le ramener vers la moyenne. Un système on ne peut plus motivant...

La note pédagogique

La notation pédagogique résulte d'une visite dans la classe de l'inspecteur d'académie, seul supérieur hiérarchique de l'enseignant. Elle se produit en moyenne tous les 5 à 8 ans selon les académies. (Une fois tous les 10 ans dans l'académie de Rouen, par exemple.) La raison de ces espacements dans le temps est parfaitement triviale : il n'y a pas assez d'inspecteurs pour le nombre de profs à inspecter.

La visite de l'inspecteur est toujours annoncée au maître. Ce dernier peut donc s'y préparer. Si le prof a la chance de tomber sur une bonne classe, les élèves peuvent décider de jouer le jeu. Les élèves peuvent, au contraire, profiter de la présence de l'inspecteur pour mettre le professeur dans l'embarras. Cette visite – si importante *a priori* – permettrait donc, en une heure, de juger, parfois pour dix ans, des qualités pédagogiques du maître.

Cette notation s'inscrit dans le temps en partant de la première appréciation. Or, on sait statistiquement que si l'établissement est d'un bon niveau, la note sera plutôt bonne. C'est l'inverse, bien sûr, s'il s'agit d'un établissement connaissant globalement une situation difficile. Mais, là encore, la note ne va jamais de 0 à 20 et reste dans une fourchette que l'on peut qualifier de « prudente », voire de minuscule. Entre deux inspections, la note pédagogique est reconduite telle quelle, d'année en année.

L'influence de la notation

Aussi « mauvaise » soit-elle, dans les limites étroites que l'on vient de voir, la notation ne peut aboutir à la mise hors circuit de l'enseignant. Pour que cet événement – car c'en est un – se produise, il faut des circonstances gravissimes : violences, alcoolisme notoire, vols, etc. Il n'empêche que la notation a une incidence sur la rémunération. Imaginons un prof très bien noté pendant 20 ans et un autre très mal noté durant la même période. Il peut en résulter une différence de 10 à 15 ans dans le franchissement des échelons. Ce qui peut faire une différence de plus de 300 euros net par mois.

Pour faire varier son revenu, un maître peut aussi se marier et avoir des enfants, ou travailler dans une ZEP, le changement d'échelon est alors automatique.

Mon enfant dit qu'il a un mauvais prof, faut-il le croire ?

Quiconque a été élève – c'est-à-dire tous les parents qui lisent ce livre – a le souvenir d'au moins un « mauvais prof ». C'était il y a bien longtemps pour certains. À en croire les propos qui circulent aujourd'hui entre élèves et entre parents d'élève, cette « tradition » est loin d'avoir disparu. Mais qu'est-ce qu'un bon ou un mauvais prof ? Le mauvais ne serait-il pas simplement celui qui vous mettait des mauvaises notes et qui en met aujourd'hui à votre enfant ? Il faut toujours faire la part des choses : certains enseignants parfaitement capables peuvent parfois simplement appuyer là où ça fait mal, d'où les plaintes de votre enfant.

Le « mauvais prof » est celui qui s'avère incapable de transmettre le savoir à ses élèves. Cette incapacité peut prendre plusieurs formes. Un parent avisé se doit de les reconnaître le plus tôt possible.

Celui qui ne se fait pas respecter

Pour transmettre un savoir, un enseignant doit être écouté. Il doit donc avoir comme première vertu – car c'en est une – de se faire respecter par une vingtaine ou une trentaine de « gamin(e)s ». Or contrairement au dogme établi, *a priori*, par l'Éducation nationale, cela n'est pas donné à tout le monde.

Les étudiants qui font du porte-à-porte pour un institut de sondage s'aperçoivent vite d'une inégalité criante. Certains parviennent à entrer presque partout et font facilement leur travail. Pour d'autres, presque toutes les portes restent closes et quand elles s'entrebâillent, c'est pour se refermer aussitôt. C'est ainsi : la façon de se tenir, la voix, la présence font une subtile et immédiate différence. Certains individus dégagent une présence positive qui entraîne la confiance et d'autres une présence négative qui leur interdit presque tous les accès.

Un profil psychologique

Être enseignant est encore plus difficile. Car il faut trouver grâce non seulement aux yeux de quelques-uns, mais de la grande majorité. Dans toute classe, il y a des élèves agités, voire des agitateurs. Ces derniers feront basculer la classe entière, sauf si un nombre important d'élèves a envie d'écouter l'enseignant.

Chargés de surveiller une permanence, et n'ayant aucun message à faire passer, les surveillants s'aperçoivent très facilement que certains d'entre eux maintiennent un silence presque absolu dans leur classe. D'autres passent leur temps à crier, en vain. Or ils ont souvent les mêmes enfants à surveiller. Certains ne font pas de vieux os dans cette profession intérimaire.

Si dans le milieu des sondeurs ou des pions l'incapacité à s'imposer mène vite à l'abandon de la profession, il n'en va pas toujours de même chez les enseignants. Il faut avoir été surveillant, justement, pour comprendre ce que certains profs supportent. Vous passez dans un couloir et vous entendez un énorme vacarme à l'autre bout. Vous vous précipitez et vous ouvrez la porte, croyant que la classe n'est pas surveillée... et vous découvrez un prof assis à son bureau ! À votre arrivée impromptue, les élèves se rassoient, le bruit cesse : les enfants savent très bien que ce qu'ils font n'est pas permis. Vous pensez que l'enseignant est tombé sur une classe abominable et vous en parlez au chef d'établissement. Ce dernier hoche simplement la tête. Car il sait que le chahut recommencera l'heure d'après avec une autre classe. Il suffira d'en parler autour de vous pour savoir que cela dure depuis des années. Avec des coupures : ce genre d'enseignant est évidemment sujet à dépression ; on le serait à moins.

On peut certes plaindre l'enseignant, confronté à un grave problème personnel à cause du système de formation. Il lui est difficile de se résoudre à abandonner le métier quand il découvre qu'entre les enfants et lui, le courant ne passe pas. Après tant d'années d'études et parfois des concours qui lui ont demandé beaucoup d'efforts, comment renoncer ? Et que faire d'autre dans sa vie ? Mais nous devons aussi penser aux conséquences pour nos enfants. Chaque année, des milliers d'entre eux n'apprendront ni la matière enseignée, ni à devenir citoyen. Car le déficit scolaire n'est pas tout. C'est un déficit d'image pour une personne qui représente l'autorité. Les enfants font là un bien mauvais apprentissage : celui de l'utilisation d'un groupe pour harceler un individu isolé.

Ce genre de phénomène se passait déjà il y a plus de vingt ans, dans des zones d'éducation « normales » avec peu d'enfants issus de l'immigration censés – à en croire certains – être la cause de tous les problèmes. Le plus étonnant ce n'est pas de découvrir que, de tout temps, certaines personnes ne parviennent pas à s'imposer à un groupe. C'est que ce sujet ne soit pas évoqué – officiellement du moins – par les instances de l'Éducation nationale.

Il suffit d'être prof pour être un bon prof

Le chahut à répétition dans les classes du même professeur remet gravement en cause le mode de recrutement dans ce métier. Ce que l'on a sanctionné pendant des années chez le futur enseignant, c'est sa connaissance de la ou des matières enseignées, un point c'est tout. Le CAPES et l'agrégation ne mesurent en rien leur capacité à transmettre leur savoir. Ce qui est pourtant l'essentiel : à quoi bon être un véritable érudit en français, spécialisé par exemple sur la poésie du Moyen Âge, si les enfants dans sa classe jouent à se jeter des boulettes de papier ? C'est d'autant plus inadmissible qu'il n'en va pas de même dans tous les corps de métier qui enseignent. Depuis des années, celui qui veut devenir professeur de tennis, de golf ou entraîneur de rugby par exemple, va passer un brevet d'État. À côté de la partie théorique, le futur enseignant est jugé lors d'une séance de mise en pratique de son savoir sur un ou des élèves.

Son message est-il clair ? Parvient-il à le faire passer ? C'est le groupe d'élèves qui juge, en quelque sorte. Il arrive souvent que le moniteur rate son brevet d'État car il est clair, pour le jury, qu'il n'a pas, en situation face aux élèves, la fibre de l'enseignement. C'est ensuite, et alors seulement qu'il sera professeur stagiaire de tennis ou de golf, puis prof tout court. Il est tout de même affligeant que ce mode de recrutement réaliste soit réservé à ceux qui enseignent le tennis ou le golf et pas à ceux qui apprennent à nos enfants les maths ou le français !

Dès lors, puisque l'Éducation nationale s'avère incapable de former les enseignants à enseigner (ou depuis très peu de temps dans le meilleur des cas), il est assez logique qu'elle se refuse à les sanctionner, quand ils n'y parviennent pas.

Votre enfant ne travaille pas en classe

Les exemples de profs chahutés de façon permanente restent des cas isolés. Mais il existe hélas une foule d'exemples où la situation – à défaut d'être aussi spectaculaire – est presque aussi lourde de conséquences pour certains enfants. Le prof est assez sympathique pour que les élèves ne le harcèlent pas, mais il n'a pas assez d'autorité pour les faire travailler. Si votre enfant est de nature studieuse, il vous le dira sans détour : « *Untel, il est sympa mais on ne fait rien !* » Si votre enfant n'a pas d'appétit particulier pour la matière, il ne vous dira rien... et ne fera rien en classe.

Conseil

Si vous ne le faites pas déjà, interrogez systématiquement votre enfant sur ce qui se passe vraiment en classe dans les matières importantes. Ne vous fiez pas aux éventuelles bonnes notes qu'il ramène. Demandez-lui si les autres élèves aiment bien le prof, s'ils l'écoutent, posez-lui des questions précises : « *Qu'avez-vous appris aujourd'hui* », etc. La pire situation : votre enfant a le même enseignant médiocre plusieurs années de suite. Résultat, c'est le prof suivant qui tirera la sonnette d'alarme en vous expliquant, suite aux premières mauvaises notes qu'il lui infligera, que votre enfant n'a pas le niveau. C'est parfois hélas trop tard : le retard accumulé ne pourra plus être rattrapé sauf à lui faire prendre des leçons particulières.

Le prof absent à répétition

En primaire, l'inspecteur d'Académie dispose normalement d'un corps de maîtres remplaçants. Car si un instituteur est malade, les élèves n'ont plus cours du tout : c'est inacceptable pour tout le monde. Dans le secondaire, quand un professeur tombe gravement malade, il est bien sûr remplacé et cela ne pose pas forcément de problèmes majeurs. S'il est malade sur de courtes périodes mais très fréquemment, le chef d'établissement, puisque c'est son rôle, a plus de difficultés. (La durée d'absence légale au-delà de laquelle le remplacement est obligatoire est de 15 jours, ce qui est beaucoup.) En fait, il peut parvenir à faire remplacer l'absent assez rapidement. Mais pour cela, il doit se montrer très actif. Parfois physiquement : la meilleure méthode consistant apparemment à faire le siège du rectorat. Vous pouvez faire pression sur lui avec d'autres parents d'élèves pour exiger que votre enfant ne passe pas trop d'heures de cours en salle de permanence. Il n'en reste pas moins que l'enseignant qui donne ses cours en pointillé est très déstabilisant pour les élèves : il ne pourra pas être remplacé ou très peu souvent.

Les soucis de Claude Allègre ont commencé quand il a dénoncé publiquement les absences trop fréquentes : 12 % qui seraient remplacées dans seulement la moitié des cas. Les élèves se réjouissent souvent bruyamment de pouvoir échapper ainsi à une heure de cours mais quand il s'agit de 30 heures cela ne fait plus rire personne. Si votre enfant a déjà des lacunes dans la matière et qu'il s'agit d'une matière importante, il serait bon d'envisager des cours de soutien, si vous en avez les moyens.

Conseil

En cas d'absences répétées et qui risquent de se reproduire *ad vitam aeternam*, le chef d'établissement a tout pouvoir pour éviter que la même classe ne subisse deux années de suite un tel absentéisme. Faites pression !

La « peau de vache »

Comme les adjudants dans l'armée, il existe des sadiques dans l'Éducation nationale. Ils torturent moralement d'année en année des générations d'élèves. Pour ce genre de prof, tous les élèves sont nuls, sauf un ou deux. Les notes de la classe sont souvent catastrophiques.

Conseil

Il n'y a rien à faire, sauf à prendre son mal en patience ou à demander le changement de classe. Car certains enfants plus fragiles que d'autres peuvent en être traumatisés (surtout s'ils avaient de bonnes notes l'année d'avant : le sentiment d'injustice peut provoquer une véritable souffrance chez les jeunes). Parlez avec les autres parents. Dès que vous serez persuadé que votre enfant est face à une « peau de vache » (souvent sa réputation le précède), il est important que vous soyez à ses côtés. D'abord persuadez-vous que ses notes ne reflètent pas son niveau mais la sévérité de l'enseignant. Expliquez-lui que ce professeur est très exigeant, faites-lui remarquer que tout le monde a du mal avec lui. Ne craignez pas d'aller le voir, ce genre d'individu – s'il joue volontiers les bourreaux d'enfants – a rarement la même assurance avec les parents.

Bon à savoir

• Si vous en faites la demande, un enseignant est tenu de vous rencontrer. Faites-le par écrit, relancez en cas de non-réponse. Vous pouvez ensuite intervenir auprès du professeur principal en collège ou en lycée.

• Depuis le 26 janvier 1978, il est interdit à un enseignant de punir un élève pour insuffisance de résultats. Vous pouvez parfaitement écrire un mot sur le carnet de correspondance pour refuser la punition.

• Enfin, le principe de proportionnalité qui s'applique pour tout citoyen en cas de légitime défense est applicable pour les élèves. Cela veut dire que la sanction doit être proportionnelle à la faute.

Il a pris mon enfant en grippe

Peu de temps après la rentrée scolaire, votre enfant se plaint systématiquement d'un prof : « *Il ne m'aime pas, il en a toujours après moi, etc.* » Demandez-lui des précisions. Vous devez faire comprendre à votre enfant que pour se disputer, il faut souvent être deux. Réagit-il trop violemment aux remarques, peut-être justifiées, de l'enseignant ?

Conseil

Faites l'enquête auprès des autres élèves de la classe. Si les autres élèves confirment que le prof s'acharne sur votre enfant et en fait son bouc émissaire, vous devez immédiatement aller voir cet enseignant. Allez-y, de préférence avec votre enfant, et essayez d'apaiser le conflit en jouant le rôle d'arbitre. Il est probable qu'à la fin de l'entretien, l'enseignant et l'élève se serreront la main et que l'affaire sera oubliée. Si ce n'est pas le cas, et alors seulement, alertez le psychologue attaché à l'établissement, le chef d'établissement et demandez en dernier recours un changement de classe. Si le cas est avéré, vous pouvez, comme pour la peau de vache, demander une enquête à l'inspecteur d'Académie. Si cela ne s'avère pas très payant pour votre enfant, cela aidera toujours les suivants. Au bout de plusieurs plaintes, les inspecteurs d'Académie finiront bien par faire quelque chose.

Soustraire son enfant au problème

Ce long développement était nécessaire pour comprendre que vous n'avez pas grand recours. Si vous allez vous plaindre d'un professeur au chef d'établissement, attendez-vous à ce qu'il commence par minimiser le problème. Il peut aussi couvrir le fautif : ne vous arrêtez pas à ce réflexe corporatiste, bien naturel au fond. Mais certains enseignants ont acquis au fil des années une réputation telle que le doute n'est plus permis. Alors le chef d'établissement, à défaut de pouvoir prendre une sanction, va parfois suggérer de changer votre enfant de classe, voire d'établissement. C'est certes le monde à l'envers : cela va obliger votre enfant à quitter ses copains, ce qui peut être mal vécu. C'est souvent un moindre mal : à vous de faire la part des choses.

Dans les grandes villes, le changement d'établissement est déjà compliqué à organiser sur le plan matériel, il y a des communes rurales où cela devient quasiment impossible.

Quand la pression des parents d'élèves est très forte, et s'exerce sur une longue période, elle peut pousser le chef d'établissement à agir. Il va s'arranger pour que le prof demande sa mutation et qu'elle soit acceptée. Le problème, à défaut d'être résolu, est déplacé. Moralement c'est peu satisfaisant mais votre enfant a déjà donné.

Dérogations

Pour obtenir une dérogation, vous pouvez alléguer évidemment d'un déménagement. Certaines familles pour échapper à un collège qu'elles estiment catastrophiques n'hésitent pas à déménager. Mais il est anormal d'en arriver là juste pour un prof. On peut aussi faire état d'obligations professionnelles, de l'inscription d'un frère ou d'une sœur dans un autre établissement. Vous pouvez également faire valoir des raisons médicales. Dans les collèges, des procédures d'assouplissement à l'application stricte de la carte scolaire ont été demandées par le ministère. Vous pouvez peut-être en profiter. En lycée, des dérogations pour « raisons personnelles » peuvent être déposées auprès de l'inspecteur d'académie. Si vous êtes très persévérant et si le cas est grave (ce que le chef d'établissement sait pertinemment), vous pouvez donc entamer des démarches. Parfois les autorités scolaires vous donneront un sérieux coup de main : elles seront très heureuses de se débarrasser, elles aussi, d'un problème : vous et votre insistance.

Conclusion

Il ne s'agit pas d'incriminer le corps professoral dans son ensemble : bon nombre d'entre eux ont embrassé cette profession car ils avaient la fibre pédagogique. Sauf que ce corps fait bloc pour défendre les pires de ses représentants. Dans l'Éducation nationale, il semble qu'il existe un dogme : il suffit d'avoir les diplômes pour être prof et il suffit d'être prof pour être un bon prof. C'est un peu comme si on pouvait obtenir le permis de conduire en ne passant que le code. Et qu'ensuite les titulaires de ce permis ne puissent plus être sanctionnés, quoi qu'ils fassent au volant.

Les syndicats sont les premiers à refuser, parfois avec véhémence, que l'on puisse mettre en doute l'incapacité, pourtant évidente, de certains de leurs membres à enseigner. Selon des estimations de source ministérielle, on estime à 15 % le nombre de « mauvais enseignants ».

On se demande bien pourquoi les nombreux maîtres qui font bien leur travail soutiennent avec autant de force ceux de leurs collègues qui le font mal. Les premiers ont mis l'enfant au centre de leurs préoccupations, ils devraient pousser les autres à faire de même. Ou accepter qu'ils soient poussés dehors s'ils s'en avèrent incapables.

Dans les petites classes, là où souvent tout se joue, l'enfant qui n'a pas la chance de pouvoir compter sur un environnement éducatif de qualité dans sa famille risque de perdre pied. Accepter les mauvais maîtres est donc antidémocratique car ce sont les foyers les plus défavorisés qui en souffriront le plus. Dans le secondaire, un mauvais prof – même si c'est un des seuls de l'établissement – c'est toujours un de trop surtout si votre enfant est dans sa classe.

En attendant, il vous reste à vous rapprocher des autres parents d'élèves et à faire bloc. Dans cette exigence du meilleur pour ses enfants, les syndicats de parents d'élèves sont le dernier rempart contre l'arbitraire.

On pourrait s'imaginer que l'école privée plus indépendante, *a priori*, peut bien plus facilement régler les problèmes que peuvent poser certains enseignants. Ce n'est pas le cas dans toutes les écoles privées sous contrat. En échange d'une aide de l'État, ces écoles privées obéissent aux mêmes règles archaïques que les écoles publiques (voir page 186).

Entretien
La vie d'un prof
René X est professeur dans un lycée professionnel, il a 48 ans, il est au 10ᵉ échelon, et gagne 2 600 euros (17 000 F) net par mois pendant les périodes de cours...

• *Comment êtes-vous devenu professeur ?*

• J'avais travaillé dans un bureau et je me suis retrouvé au chômage, c'est l'ANPE qui m'a signalé qu'avec mes diplômes je pourrais devenir maître auxiliaire.

• *Vous n'êtes donc pas devenu enseignant par vocation ?*

• Non, mais l'idée m'intéressait.

• *Comment avez-vous été formé ?*

• Je n'ai pas été formé. Les IUFM n'existaient pas, c'est Jospin qui les a créés.

• *On vous a dit, voilà vos classes, débrouillez-vous ?*

• Exactement.

• *Quel genre de classe vous a-t-on confié ?*

• Des élèves en grande difficulté scolaire dans un collège en banlieue parisienne.

• *Vous êtes prof depuis combien de temps ?*

• Une vingtaine d'années.

• *Êtes-vous bien noté ?*

• Très bien par rapport aux critères de l'Éducation nationale. La première année, j'ai même été trop bien noté.

• *En vingt ans, avez-vous bénéficié de cours de formation ?*

• Oui sur un module que j'avais choisi. Mais c'est au prof de demander. Souvent il s'agit d'approfondir une matière, mais cela peut aussi être une formation sur une méthode d'enseignement. Quand on fait un stage, on est remplacé.

• *Et si on ne choisit rien ?*

• Eh bien, on ne fait pas de formation.

• Et qu'est-ce que cela change dans la situation de l'enseignant ?

• Rien.

• Combien d'enseignants se sont vus ainsi confier des classes sans aucune formation à la pédagogie ?

• Énormément, surtout dans les lycées professionnels où l'on considère que la connaissance d'une technologie, par exemple, suffit. J'ai un ami d'enfance qui a travaillé comme ajusteur pendant quinze ans. L'ANPE lui a proposé un poste d'enseignant parce qu'il avait cette expérience. Pendant très longtemps, il suffisait d'un diplôme, maîtrise en français ou en langue pour se voir proposer un poste.

• Quel est votre titre ?

• PLP, professeur en lycée professionnel. J'aurais pu devenir PEGC (professeur d'enseignement général des collèges).

• On peut penser que beaucoup de PEGC n'ont eu aucune formation pédagogique ?

• C'est pareil pour les autres. Le concours d'agrégation ou le CAPES ne comportent pas d'épreuve pédagogique. Il faut faire la preuve de sa connaissance très pointue de la matière, un point c'est tout. Depuis la création des IUFM, il existe des cours théoriques de pédagogie avant les examens, mais pas de stages pratiques avec des élèves.

• Vous gagnez 17 000 F net, ce n'est pas si mal, on dit partout que les profs sont très mal payés...

• Oui, mais je suis presque au dernier échelon et ce salaire, je ne le gagne que pendant l'année scolaire. Pendant toutes les périodes de vacances, pendant plus de 4 mois, je ne touche que 2 300 euros (15 000 F). J'ai comme beaucoup de mes collègues une ou deux heures supplémentaires et nous touchons des indemnités pour nos prestations supplémentaires, comme les conseils de classe, etc.

Évitez de vous faire manipuler

Mai 2002, journal de 20 h sur France 2, la présentatrice évoque le nouveau gouvernement de Jacques Chirac fraîchement réélu : « C'est Luc Ferry qui sera le nouveau ministre de l'Éducation nationale, ses prédécesseurs n'ont pas su s'attirer les faveurs des enseignants... » En une phrase voilà exprimé le sentiment général. La première tâche du ministre, ce n'est pas de faire en sorte que nos enfants soient le mieux éduqués possible, c'est de faire ami-ami avec les enseignants pour pouvoir rester en place. Une certaine idée du gouvernement à la française.

L'Éducation nationale est une citadelle imprenable. De Gaulle, Pompidou, Jospin, Allègre ne sont que quelques noms parmi tant d'autres qui s'y sont cassé les dents. Dans leur lutte victorieuse contre le pouvoir, les enseignants sont passés maîtres dans l'art de faire pression sur l'opinion publique. Le but avoué c'est de manifester dans l'intérêt de l'enfant. C'est parfois vrai, mais pas toujours. Les élèves que l'on incite à descendre dans la rue et les parents qui les accompagnent parfois peuvent être manipulés. Les syndicats d'enseignants dans les années récentes ont déjà utilisé deux fois ce stratagème pour créer un rapport de force contre des ministres qui les dérangeaient. Avant de vous décider à descendre dans la rue, demandez auparavant l'avis des syndicats de parents d'élèves, cela vous évitera de vous faire manipuler.

chapitre 7

Savoir lire ses notes

Pour nous aider à rédiger ce chapitre, nous avons demandé à des enseignants ayant donné des cours de la sixième à la troisième comment ils notaient leurs élèves et ce qu'il fallait en penser. Cela pourrait vous aider à comprendre les notes de votre enfant, éventuellement à l'aider à en avoir de meilleures, au moins pour les devoirs à la maison.

La décomposition d'une note

Quand un prof corrige un devoir à la maison ou un contrôle en classe, il est libre de procéder comme il en a envie. Certes il est parfois tenu – selon les modes de l'époque – de noter sur 10, sur 20 ou de A à E, etc. Mais c'est lui qui détermine à l'intérieur du système sa propre échelle de valeur. En général, on admet cependant, dans le corps enseignant, qu'il doit exister un barème, autrement dit une règle du jeu, clairement exposée à l'élève.

Par exemple sur un devoir de français en troisième, le prof peut décider que l'orthographe comptera pour 3 points, le style pour 6 points, les idées pour 6 points, la connaissance du programme pour 5 points. Il est de bon ton de l'indiquer aux élèves, voire de faire figurer ces critères de jugement sur la copie. Cela permet à l'élève et à ses parents de mieux comprendre la note globale. Cette dernière devient une simple addition des notes intermédiaires obtenues.

Le devoir de l'enseignant est de poser des exigences claires. Le prof doit énoncer : « *Voici ce que j'attends de vous comme type de réponses et voilà sur quels critères je vais évaluer vos réponses.* »

Un prof peut, par exemple, décider qu'en histoire-géo, il ne tiendra pas compte de l'orthographe et qu'il ne jugera que les connaissances acquises et la clarté des idées exprimées. Cette transparence semble la meilleure façon de procéder, mais malheureusement, il n'existe aucune loi en ce domaine. Un prof peut décider qu'il donnera une note globale qui résumera tout. Et lui seul saura quels sont les éléments constitutifs de cette note.

Conseil

Si l'enseignant ne donne aucune explication sur les copies, et que votre enfant ne comprend manifestement pas à quoi correspond la note obtenue, essayez de voir l'enseignant et demandez-lui à quoi il attache de l'importance.

Des attentes différentes selon les niveaux

Ce que l'on attend d'un enfant de 6ᵉ est très différent de ce qu'on attend d'un élève plus âgé. C'est une lapalissade, mais il faut que les parents comprennent qu'en 6ᵉ, par exemple, votre enfant est jugé sur trois critères en français :

• Être capable de construire une phrase simple.

• Comprendre la question posée et de ne pas faire trop de fautes d'orthographe.

• Être capable de reconnaître la fonction des mots dans une phrase.

6ᵉ, 5ᵉ, le cap décisif

Les notes obtenues n'ont pas la même importance selon les classes, la sixième décide du reste de la scolarité. Sauf que le niveau en 6ᵉ dépend du niveau précédent...

« Si un enfant en 6ᵉ ne maîtrise pas la construction d'une phrase simple, s'il comprend difficilement ce qu'il lit, on peut dire presque à coup sûr que sa scolarité future a du plomb dans l'aile. Ce type de lacune visible en français se retrouve dans toutes les matières. Même si on a un cerveau mathématique, il est difficile de résoudre un problème quand on a mal compris la question posée.

S'il n'y a pas les parents derrière pour rectifier tout ce qui a été raté avant (étapes manquées), si on n'y remédie pas en 6ᵉ ou en 5ᵉ, c'est fini pour le cursus normal. Il n'y a plus de rattrapage possible après. »

Ces propos d'un enseignant sont partagés par toutes celles et ceux que nous avons interrogés. Certains sont même plus pessimistes indiquant qu'en 6ᵉ il est déjà bien tard. Bien sûr l'idéal serait de suivre régulièrement le parcours de votre enfant depuis le début de sa scolarité. Mais si, à défaut de problèmes évidents, votre enfant semble suivre sans plus, c'est donc plutôt au début de l'année d'avant, en CM2, qu'il faut essayer de faire un premier bilan.

La relativité de la note

Les profs ne recevant aucune consigne sur la façon de noter, une même copie va recevoir des notes différentes selon l'enseignant qui la corrige. La plupart des profs interrogés estiment qu'un écart de trois points est « raisonnable ». Cela reste vrai même pour un bac blanc, par exemple, où chaque prof a pourtant le sujet, le corrigé type et le barème de notation qui existe pour ce genre d'épreuve. Sur une question à laquelle l'examiné a fourni un début de réponse, Untel donnera un demi-point en se disant : « Il a compris le sens c'est déjà bien. » Untel mettra 0 car il pense : « C'est trop imprécis, un élève doit savoir s'exprimer clairement. » Chacun juge en son âme et conscience mais au bout de 3 ou 4 questions, les écarts se creusent vite...

Le contexte de la classe

Si les élèves sont dans une année sanctionnée par un examen officiel, le bac par exemple, les profs vont essayer de donner une note juste, telle qu'ils se la représentent. Sinon, il est évident que le niveau général de la classe influe sur le niveau de la note de votre enfant. Un enseignant n'a aucun intérêt à mettre de très mauvaises notes à toute la classe si cette dernière est faible. En effet, dans ce cas, les enfants réagissent globalement très mal. Il est nécessaire au contraire de ne pas les stigmatiser, sans aller trop loin dans l'autre sens. (C'est une erreur pédagogique de donner 18 à une copie qui en vaut 11.)

D'un autre côté, le jugement n'est pas porté sur un élève en lui-même mais sur un élève dans un contexte particulier. Quand un prof suit le même élève deux années consécutives, ce qui est fréquent, il peut le découvrir turbulent dans l'une, sage comme une image dans l'autre. De nombreux enfants se laissent influencer en bien ou en mal. Le contexte peut donc peser fortement sur les notes car, comme le dit un enseignant : « Sans comportement positif vis-à-vis de l'école, il n'y a pas de capacité à apprendre. »

Le niveau d'un enfant dépend aussi de l'instant. Voici ce que nous déclare un prof : « Il y a des jours où je me dis : si je l'interroge, je vais lui mettre 2. Il a une attitude tellement renfrognée, agressive... » Certains enseignants évitent d'interroger cet élève, d'autres non.

Conseil

Pour toutes les raisons évoquées ci-dessus, vous devez relativiser la note obtenue par votre enfant. Un 5 sur 20 isolé n'est pas en soi une catastrophe. Un 13 de moyenne par rapport au 15 obtenu l'année d'avant ne signifie pas forcément une baisse de moyenne mais peut-être un changement de prof ! Pour vous faire une idée plus juste de son niveau, vous devez d'abord comparer ses notes avec celles du reste de la classe au cours de ces deux années. En tous les cas, une note n'est qu'une photographie. C'est la succession des mauvais clichés qui devient inquiétante. Surveillez son entourage, il suffit de deux ou trois copains qui le tirent dans le mauvais sens pour qu'il s'intéresse moins à l'apprentissage.

Le bulletin trimestriel

Pour la plupart des enseignants, le bulletin trimestriel, si important pour les parents, ne représente pas grand-chose. Si un enseignant exerce un véritable suivi sur sa classe, le bulletin n'est rien d'autre qu'un constat rituel, par rapport à trois mois qui viennent de s'écouler. Mais la scolarité est continue : si un élève rentre avec des 15 régulièrement ou avec des 6, il est facile de deviner le contenu du bulletin.

Ce ne devrait pas être le moment où l'on commence à s'inquiéter. Le bilan se dresse semaine après semaine au fur et à mesure des notes et, si l'élève est dissipé par exemple, des annotations apparaissent sur le carnet de correspondance.

Les annotations du bulletin ne font souvent que refléter assez platement les résultats obtenus. Si par exemple un enfant enchaîne un 15, un 8 un 6 et un 13, le commentaire sera : « travail irrégulier ».

Le bulletin est donc surtout utile aux parents qui ne suivent que de très loin le travail de leur enfant et qui se réveillent à cette occasion. Seul point positif : il permet de situer son enfant dans la classe.

Le nouveau bulletin

Signe des temps, le nouveau bulletin scolaire comporte désormais des cases distinctes pour noter le comportement de l'élève. Ce qui est une bonne chose en soi car cela évitera à certains profs la confusion des genres. Un élève peut être bon en une matière et dissipé.

Le jugement entre enseignants

Pour avoir une idée globale d'un élève, les enseignants disposent du conseil de classe. Parfois cette concertation peut se produire avant quand il y a un cas lourd, à l'initiative du professeur principal, le plus souvent alerté par un collègue. Cela peut se produire dans la première semaine de la rentrée.

Les bulletins trimestriels au *Bulletin officiel*

Voici les attendus du nouveau bulletin trimestriel. Il s'agit de :

– Modifier la forme et le contenu du bulletin trimestriel pour indiquer à l'élève ce qu'il fait et doit faire, de préférence à ce qu'il est.

– Expliciter l'évaluation des compétences scolaires de l'élève.

– Évaluer l'élève dans sa globalité par la prise en compte de compétences autres que les performances scolaires (sens de l'initiative, autonomie, prise de responsabilité, travail fourni...).

– Évaluer systématiquement la progression de l'élève et apporter des conseils précis pour l'améliorer.

– Mettre en évidence les points forts sur lesquels il peut s'appuyer pour progresser.

Modalités

– Il convient de concevoir de nouveaux bulletins qui présentent, en terme de configuration, plus d'espace pour les appréciations :

• distinguer sur les bulletins trimestriels ce qui relève du constat et des conseils à l'élève pour progresser ;

• faire figurer, pour chaque discipline, les notes extrêmes attribuées aux élèves de la classe, la note moyenne de la classe, les notes moyennes attribuées aux diverses divisions d'un même niveau de classe ;

• indiquer le nombre de devoirs ou contrôles qui ont permis le calcul de la moyenne de l'élève ;

• mettre l'accent sur les aspects positifs du travail et des résultats des élèves ;

• préciser les exigences scolaires qui leur sont posées.

Le bulletin trimestriel peut faire l'objet d'une analyse de son contenu avec l'élève, au cours d'un entretien, si besoin en présence des parents. Ce bilan visera, d'une part, à mieux faire comprendre à l'élève et à sa famille les appréciations, les commentaires, et d'autre part à repérer, identifier ses difficultés pour la mise en place de remédiation.

Des avis divergents sur un élève, c'est fréquent. On entre dans le cadre des relations humaines. L'aspect contact prof/élève joue à l'évidence. Même un élève peu doué – s'il a un bon feeling avec un prof – fera tellement d'efforts qu'il finira par obtenir un bon jugement de la part de l'enseignant sensible à sa bonne volonté. Comme l'élève est récompensé, il est renforcé dans son attitude positive. C'est un cercle vertueux. Cela joue évidemment de la même façon dans l'autre sens. On l'a déjà évoqué par ailleurs, mais cela ne joue pas que sur la discipline, l'influence sur la notation est évidente.

On en arrive donc parfois à des jugements tranchés sur certains élèves. Et au conseil de classe, 5 profs peuvent découvrir qu'Untel est un monstre avec tel prof[1] alors qu'il est impeccable avec tous les autres.

Il peut y avoir de grandes différences de jugement entre profs même dans les matières importantes. Le fameux « matheux » existe. Il se désintéresse d'autant plus volontiers du reste des matières qu'on lui a seriné que s'il était bon en math il se débrouillerait toujours. Les autres profs vont évidemment protester : il sait faire des raisonnements abstraits, il devrait donc pouvoir réussir ailleurs. Mais ce n'est pas le cas. Tout élève tend à approfondir les matières avec lesquelles il a des affinités, car cela va lui procurer des satisfactions narcissiques.

Adolescents, rebonds possibles

« Le seuil crucial, c'est la sixième/cinquième, mais plus tard, si l'élève a passé ce cap-là, tout est possible.

À partir de la troisième, il est facile de se tromper sur un élève car on le prend à un moment de son histoire », avoue un professeur. Parfois un passage en seconde professionnelle lui permet de rebon-

---

1. Dans les matières annexes, le prof doit être particulièrement compétent car l'élève sait bien que s'il refuse de se faire « bassiner avec Beethoven » ça ne changera pas fondamentalement sa réussite scolaire.

dir. On voit souvent des élèves qui en seconde ne faisaient rien, et semblaient même complètement à la dérive, se réveiller l'année suivante, et passer des licences de maths ou d'anglais et décider de devenir profs.

Un prof nous dira en confidence au sujet d'une élève : « Honnêtement quand je l'ai eue en seconde, où j'étais professeur principal, j'étais persuadée qu'elle était foutue. J'ai appris qu'elle réussisait brillamment à la fac. J'ai vérifié ses bulletins de l'époque ; c'est vraiment incroyable. » C'est évidemment un cas exceptionnel, mais ce genre de rebond est plus fréquent qu'on ne l'imagine.

Le rôle des parents, comme nous le confirme une enseignante en collège, est essentiel : « Il est notoire qu'au collège, les enfants suivis de près par leurs parents réussissent mieux que les autres. L'adolescence est une période de grande fragilité, face à laquelle nous constatons beaucoup de désistement de la part des parents. Ces derniers viennent nous voir quand il est beaucoup trop tard. » Autrement dit : ce n'est pas parce qu'un ado a l'air autonome et qu'il joue les affranchis qu'il n'a plus besoin de vous.

chapitre 8

Que faire si votre enfant a des difficultés scolaires ?

Preuve que la scolarité pose de nombreux problèmes, le soutien scolaire s'étend aussi bien à l'intérieur de l'école que dans les associations (centres socioculturels et autres) et les organismes privés. Le marché du soutien scolaire ou de l'accompagnement aux devoirs a connu un développement spectaculaire. Comment s'orienter dans les différents dispositifs ?

Les réseaux d'aides spécialisées de l'Éducation nationale (RASED)

Instituées en 1990, ces équipes de prévention et d'adaptation sont composées de psychologues scolaires et de maîtres spécialisés titulaires du certificat d'aptitude aux actions pédagogiques spécialisées d'adaptation et d'intégration scolaire.

La définition du concept d'enfant en difficulté n'est pas aisée. Globalement, il s'agit d'un enfant qui ne satisfait pas aux exigences scolaires sans pour autant manifester un handicap avéré. Cette évaluation dépend en partie de critères qui ne sont pas totalement objectifs (niveau d'exigences de certains maîtres par exemple).

Le premier rôle du réseau est préventif : sans mettre en œuvre des actions supplémentaires, il peut aider les enseignants et les parents à ajuster leurs attitudes ou méthodes pour mieux répondre aux difficultés de l'enfant. Les aides spécialisées sont effectivement mises en œuvre lorsque les réponses pédagogiques apportées par les maîtres s'avèrent insuffisantes. Attention, ces interventions ne sont pas toujours demandées, ni particulièrement appréciées par les maîtres parce qu'elles entraînent une forme de dépossession.

Les aides spécialisées peuvent être de deux types :

– Les aides à dominante pédagogique centrées sur les apprentissages scolaires.

– Les aides à dominante rééducative qui ont pour but d'aider les élèves sur le plan émotionnel, les attitudes corporelles et intellectuelles afin de restaurer leur confiance en eux-mêmes et leur envie d'apprendre et de réussir.

Ces différentes actions sont menées auprès des élèves individuellement ou par petits groupes. Elles sont engagées en concertation avec les personnels du réseau d'aide, le directeur de l'école, le maître et les parents. Elles doivent faire l'objet d'un projet écrit qui implique toutes les parties.

À partir du collège et au lycée, le soutien scolaire s'effectue par un passage de quelques mois ou pendant une année scolaire dans des classes spécifiques. Ce sont : les classes de 6e de consolidation, les classes de 4e à contrat, les classes de 3e d'insertion et les classes de 1re d'adaptation. Il ne faut pas se laisser impressionner par la subtilité des dénominations. L'objectif est d'intervenir à des moments clés du cursus pour consolider les connaissances.

Les réseaux d'aides ne peuvent toutefois pas se substituer aux professionnels en cas de problèmes spécifiques à dominante psychologique ou liés à des handicaps. Ils peuvent néanmoins orienter les familles vers des services spécialisés comme les centres médico-psychologiques, centres médico-psycho-pédagogiques ou hôpitaux de jour dans lesquels exercent des professionnels spécialisés comme les orthophonistes, psychomotriciens et psychothérapeutes.

Vous êtes ZEP ou ZUS, restez ZEN

Les Zones d'éducation prioritaire et les Réseaux d'éducation prioritaire

Créées en 1981, les Zones d'éducation prioritaires ont pour but de définir des quartiers pour lesquels des moyens supplémentaires ou spécifiques sont affectés à l'Éducation. En résumé, il s'agit d'une discrimination positive.

Les zones sont définies en tenant compte de la situation économique et sociale des populations (taux de chômage, revenus moyens, nombre de familles non francophones, familles monoparentales, taux de délinquance, etc.) et de facteurs tels que les taux de redoublements, le nombre d'orientation en lycées professionnels.

La liste des Zones d'éducation prioritaire est établie par le recteur après consultation. Ces zones doivent comprendre des écoles et des établissements de second degré de tous niveaux. La taille d'une ZEP doit être limitée afin de permettre à tous les intervenants sur un quartier de se coordonner et de travailler ensemble.

Il y avait 362 ZEP en France à l'origine et il y en a actuellement presque 600 qui concernent plus de 11 % des élèves de l'enseignement public.

Les ZEP sont chacune sous la responsabilité d'un chef de projet, le plus souvent un chef d'établissement ou un inspecteur de l'Éducation nationale choisi par l'inspecteur d'Académie.

Afin de stabiliser les équipes d'enseignants qui travaillent dans les ZEP, une prime spécifique (l'indemnité de sujétion spéciale) leur est attribuée. En outre, l'affectation à ces postes leur permet d'obtenir une bonification de leur barème.

L'objectif des ZEP est de favoriser la réussite scolaire par des moyens adaptés à chaque zone. Il faut savoir que si, en principe, les ZEP reçoivent des moyens supplémentaires, ce n'est pas automatique. Chaque ZEP doit construire son projet éducatif et les résultats obtenus par les élèves aux tests passés en CE2 et en 6e attestent de la plus ou moins grande réussite de ces projets.

Si l'école de votre enfant fait partie d'une ZEP, n'hésitez pas à demander ces résultats et leur évolution au fil des années. Si, de surcroît, cette même école est classée ZUS (Zone ultrasensible), ne soyez pas inquiets. Tous ces dispositifs, lorsqu'ils réussissent, favorisent la réussite scolaire et renforcent le caractère éducatif de l'école.

Le soutien scolaire à l'école primaire

En primaire, il existe plusieurs dispositifs. Les enfants rencontrant des difficultés spécifiques peuvent, sans quitter la classe, bénéficier d'un soutien personnalisé : répétitions, explications supplémentaires, aide grâce à un logiciel éducatif. Une sorte de tutorat peut être exercé par un groupe d'élèves sur un élève plus faible. Enfin, deux heures de soutien hebdomadaire dans les matières où l'élève est faible peuvent être dispensées par un professeur.

Les études dirigées

Elles se distinguent de l'étude surveillée. En effet, les aides-éducateurs doivent procurer à l'élève une aide méthodologique pour faire ses devoirs. Si votre enfant a des difficultés, renseignez-vous à l'école afin qu'il puisse bénéficier de cette aide.

L'étude surveillée et la garderie

Après l'école, vous pouvez laisser votre enfant jusqu'à 6 heures à la garderie ou à l'étude surveillée. La surveillance incombe normalement à du personnel communal ou à des enseignants volontaires rémunérés par l'État. En primaire, les études sont « surveillées » mais pas nécessairement « dirigées ». Mieux vaut donc vérifier les cahiers.

Depuis la création par l'État en 1997 des emplois-jeunes, les études surveillées sont souvent assurées par des aides-éducateurs. C'est un progrès incontestable et on imagine mal aujourd'hui comment l'Éducation nationale pourrait se passer de ces emplois.

L'étude surveillée a lieu dans le primaire entre 17 heures et 18 heures, après le goûter. Elle est payante et bénéficie du même tarif dégressif que la cantine.

À la maternelle, le goûter est fourni à l'école. Vous pouvez généralement aller chercher l'enfant entre 17 h 30 et 18 heures, heure de sortie maximum.

À l'école élémentaire : c'est vous qui fournissez le goûter et l'heure de la sortie est à 18 heures.

Conseil

Si votre enfant reste à l'étude, demandez si l'aide-éducateur contrôle ses devoirs et s'il fournit une aide ou des explications en cas de besoin. Dans le cas contraire, n'hésitez pas à demander un rendez-vous à l'aide-éducateur. La plupart des parents négligent cet aspect de la vie scolaire de leur enfant. Or il est très important que les enfants aient confiance et qu'ils n'hésitent pas à poser des questions à l'aide-éducateur.

Aide psychopédagogique

L'école a intégré la dimension psychopédagogique mais non sans une certaine méfiance. L'examen d'un enfant par le psychologue scolaire peut être demandé par un enseignant mais il reste soumis à l'accord des parents.

Conseil

Même si vous trouvez l'entretien avec le psychologue inutile, il n'est pas adroit de le refuser. Dites-vous bien que ce qui n'est pas utile à vos yeux n'est pas nécessairement nuisible. En revanche, si vous refusez, votre attitude sera vécue comme un refus de coopérer. Pire, on vous soupçonnera d'avoir quelque chose à cacher, d'être coupable.

Sauf malchance, le psychologue scolaire, de toute façon, parvient à dédramatiser nombre de situations

Dans le second degré

Les groupes de besoins transversaux

L'expression est barbare. Il s'agit de réunir des élèves de classes différentes mais qui ont besoin d'être aidés dans les mêmes disciplines. Là encore, ils bénéficient de cours de soutien dispensés par un professeur.

Les projets d'action éducative (PAE)

En 1981 ont été lancés les Projets d'action éducative. L'objectif est de responsabiliser les élèves en les faisant participer à toutes les étapes de la réalisation d'un projet : conception, définition d'objectifs, identification des moyens, suivi et évaluation du résultat.

Un PAE peut concerner toutes sortes de thèmes, de l'écologie à la communication, en passant par l'art ou les échanges avec l'étranger, les voyages... Ces projets impliquent généralement la participation de plusieurs enseignants.

Les dossiers sont réalisés par les élèves avec l'aide des enseignants. Le dossier est ensuite examiné par l'Inspection académique qui, après validation, accorde les crédits à l'établissement. Le conseil général peut participer financièrement.

Conseil

La plupart des parents et des élèves ignorent l'existence des PAE et ne s'en saisissent pas comme d'une opportunité. Certains établissements ne mettent jamais en place de PAE et se gardent d'informer les parents et élèves de cette possibilité. Or de nombreux projets peuvent se réaliser dans ce cadre-là. Ces projets apportent aux élèves une formation méthodologique qui débouche sur une réalisation concrète. Ils leur permettent aussi de travailler en équipe. Or, cette pratique du travail collectif est très rare aujourd'hui dans le cadre de l'enseignement.

Exemple : les élèves d'une classe de lycée à option « Cinéma » souhaitent réaliser un journal de cinéma. Ils montent leur projet, le soumettent aux professeurs de français et de cinéma et au principal. Les deux professeurs sont prêts à les aider. Mais personne ne songe au projet d'action éducative et le principal – qui ne goûte pas beaucoup l'expression libre des élèves – refuse de leur apporter le moindre soutien. Le groupe d'élèves réalise tout seul et à ses frais un premier numéro. Mais, découragé par l'attitude du lycée, il ne poursuit pas le projet. Voilà une belle énergie gâchée !

Pourtant, deux ans plus tard, dans le même lycée, la petite équipe qui avait réalisé ce journal est devenue une célébrité. Car c'est en lisant ce journal que les nouvelles classes ont décidé de prendre, elles aussi, des initiatives. Et d'organiser un mini-festival de cinéma.

À l'extérieur de l'école

De nombreuses associations dispensent du soutien scolaire ou de l'accompagnement aux devoirs. Par ailleurs, des organismes privés à but lucratif ont investi ce marché.

À l'heure actuelle, il est très rare que des écoles acceptent d'héberger une association dispensant du soutien scolaire. La plupart des associations animées par des bénévoles rencontrent des difficultés pour trouver des locaux.

À qui s'adresser ?

En cas de handicap ou si votre enfant est dyslexique :
APEDA FRANCE : Association de parents d'enfants en difficultés d'apprentissage.
tél : 01 34 81 96 43
HANDISCOL : 0 801 55 55 01 (numéro azur, prix d'un appel local)
Pour connaître les associations d'aide aux devoirs ou de soutien scolaire de votre quartier, adressez-vous au Centre national du volontariat :
CNV : 127, rue Falguière, 75015, Paris.
tél : 01 40 61 01 61
site internet : www.benevolat.com
e-mail : cnv@globenet.org

Le soutien à la fonction parentale

Vous ne le saviez peut-être pas mais votre fonction, être parents, a besoin d'être soutenue. Ces dernières années, les politiques sociales et éducatives ont intégré cette notion sans trop savoir de quoi il s'agissait et surtout comment faire. Si être parent ne va plus de soi, si être parents s'apprend, comment et dans quel but ?

Nous soutenir en tant que parents recoupe de nombreuses interventions. Par exemple, lorsqu'une association intervient dans le domaine de l'accompagnement scolaire, elle a une mission pédagogique vis-à-vis des parents. Il s'agit de les guider pour des choses simples comme préparer un cartable, ou bien tenir l'économie familiale. Même préparer des repas équilibrés fait partie de l'action pédagogique à l'égard des parents.

Le principe qui sous-tend les nombreuses actions qui entrent dans le cadre de ce soutien est le suivant : pour aider l'enfant et combattre l'échec scolaire, il faut réhabiliter l'image des parents.

Malheureusement, dans les faits, les parents dont on souhaite réhabiliter l'image et la fonction sont traités avec le plus grand mépris. Soupçonnés d'être de mauvais parents, beaucoup d'entre eux se font vertement et publiquement remettre à leur place au moindre retard.

En réalité, l'échec scolaire ne s'explique nullement par une faillite parentale. La plupart des familles socialement défavorisées sont beaucoup plus sévères et exigeantes en matière de scolarité que les familles moyennes. Ce n'est donc pas un manque d'autorité ni de respect de l'école. Mais cette attitude est humiliante pour les parents et pour leurs enfants.

Si des scènes de ce type se produisent devant vous ou si vous en êtes victimes, vous devez réagir. Refusez des scènes publiques. Exigez des explications dans un bureau et pas devant tout le monde. Enfin, pourquoi pas, demandez qu'on élabore dans chaque école une charte des rapports parents-école. Certains établissements travaillent sur ce type de projet. Cela permet d'échanger des expériences et de poser des limites. Bref, c'est éducatif.

L'obligation scolaire
et la pénalisation des familles

La plupart des études montrent que lorsqu'une famille contrôle sévèrement un enfant, lorsque son éducation est trop rigide, l'enfant perd l'estime de soi. Il se sent et se croit incapable. La plupart du temps, il le devient.

L'échec scolaire, le mal-être de certains enfants et jeunes, leur violence, ne vient pas d'un manque d'autorité des parents. Mais derrière l'idée de soutien à la fonction parentale se profile également le projet de punir les parents lorsque les enfants traînent dans la rue et ne vivent pas selon les normes de notre société.

Depuis plusieurs années, c'est sur l'obligation scolaire que ce projet de pénalisation des familles s'appuie. En cas d'absences scolaires répétées et sans motifs valables, le chantage aux allocations familiales est une solution de plus en plus prisée par les services sociaux et les écoles. Comme les familles sont soupçonnées de faire des enfants pour toucher les allocations familiales, le chantage aux allocations semble parfaitement logique.

Mais peut-on à la fois soutenir les parents dans leur rôle éducatif et les traiter en irresponsables ?

chapitre 9

Quand et comment intervenir pour votre enfant ?

Intervenir seul

En maternelle et en élémentaire, votre interlocuteur principal, c'est le maître ou la maîtresse. L'école primaire pose généralement beaucoup moins de problèmes que le collège ou le lycée.

Néanmoins, votre enfant peut rencontrer des difficultés d'apprentissage, des problèmes relationnels avec la classe ou avec l'instituteur. Enfin, il peut se montrer agité ou indiscipliné.

Pour l'ensemble de ces cas, vous ne devez pas tarder à rencontrer l'instituteur. Il suffit pour cela d'écrire un mot simple dans le cahier de correspondance.

Inutile de vous montrer impérieux, autoritaire ou agressif, ni de vous traîner aux pieds de l'enseignant. Les rendez-vous avec les parents sont une obligation des enseignants, pas une faveur. En revanche, il faut négocier les horaires car les rythmes de vie des parents et des enseignants sont peu compatibles.

Si l'enseignant vous propose seulement des rencontres entre midi et 13 h 30, vous devez lui faire comprendre que ce n'est généralement pas possible. De votre côté, ne lui demandez pas un rendez-vous à 19 heures alors que sa classe sort à quatre heures et demie.

Difficultés d'apprentissage

L'entretien avec l'enseignant doit être poli, respectueux mais vous devez imposer une base d'égalité. L'enseignant n'est pas votre employé. Mais vous n'êtes pas non plus responsable des difficultés scolaires de votre enfant puisque le prof, ce n'est pas vous.

Si votre enfant rencontre des difficultés d'apprentissage, il est indispensable de vous renseigner sur les méthodes employées par l'enseignant et sur l'aide que vous pouvez lui procurer à la maison. Vous pouvez demander que soient dispensées des heures de soutien à l'école. Tout dépend de l'importance de ses difficultés.

Certains enseignants préfèrent que les parents ne se substituent pas à eux, d'autres, au contraire, vous incitent à prolonger l'école à la maison. Toutes ces questions se discutent et c'est à vous d'apporter à l'enseignant la connaissance que vous avez, non pas de l'élève, mais de l'enfant. De son côté, l'instituteur peut vous informer utilement sur le comportement de l'élève en classe et ses difficultés.

S'il s'agit simplement d'une certaine lenteur, modérez vos inquiétudes. Il n'existe pas de rythme standard et la lenteur ou la rapidité sont aussi fonction de la moyenne de chaque classe qui est variable.

Si vous pensez qu'un soutien scolaire peut aider votre enfant, il est bien entendu préférable que ce soit en accord avec l'enseignant. Il suffit parfois de lui rappeler un argument qu'il utilise fréquemment : il a en charge une classe et peut difficilement consacrer trop de temps à un appui individualisé.

Sachez aussi qu'il existe des dispositifs pour financer une partie des cours de soutien scolaire lorsque les familles disposent de moyens réduits. Demandez un rendez-vous avec l'assistante sociale et le cas échéant avec le directeur d'établissement. Il est généralement utile de s'entretenir avec plusieurs interlocuteurs pour faire le tour du problème et utiliser tous les dispositifs existants.

Problèmes relationnels avec la classe

Lorsqu'un enfant reste isolé en classe, qu'il est timide ou qu'il est rejeté à cause de son apparence ou d'une raison quelconque, il est impératif de réagir. Le cadre relationnel dans lequel se passent les apprentissages est parfois plus important que la qualité de l'enseignement. Or, les jeunes enfants ont tendance, parfois très inconsciemment, à ne supporter aucune différence.

N'oublions pas que l'école forme aussi à des modes de socialisation. Les rejets collectifs doivent être signalés et quelles qu'en soient les causes, l'enseignant doit intervenir.

Il arrive parfois que l'enseignant sous-estime les effets de ce rejet. De même, certains parents ont tendance à dramatiser ces situations. Mais, même s'il est difficile de juger à sa juste mesure un rejet collectif, il demeure inacceptable. Aussi, vous devez absolument refuser les arguments du type « il faut qu'il apprenne à se défendre ». N'acceptez pas non plus qu'on fasse porter la responsabilité de sa situation à la victime, sauf si l'enfant est agressif ou violent. Sachez qu'un enfant peut être rejeté simplement parce qu'il est un bon élève ou parce qu'il est trop beau, trop bien habillé (c'est votre faute), pas assez débrouillard ou sportif, etc.

Voici l'exemple de deux situations qui se sont produites dans des écoles élémentaires et qui se sont dénouées avec succès :

Dans une classe, un des élèves a des poux et toute la classe le sait. Plus personne ne lui parle, ni ne l'approche.

Des parents d'autres élèves, entendant les enfants parler de leur camarade comme d'un pestiféré, décident d'intervenir auprès de l'enseignant. L'enseignant consacre alors une séance à expliquer avec des dessins ce que sont des poux, comment ils se multiplient et en quoi le fait d'en attraper est banal en collectivité. Si on attrape des poux, ce n'est pas parce qu'on est sale.

Il explique ensuite les différents traitements qui sont employés. Enfin il demande aux enfants comment ils réagiraient s'ils attrapaient des poux. Trouveraient-ils normal que les autres élèves de la classe ne leur parlent plus ? Après cette discussion, les élèves recommencent à parler et à jouer avec l'enfant qui avait été exclu.

Autre situation : trois enfants qui ont l'habitude de jouer ensemble dans la cour intègrent dans leur jeu un élève légèrement handicapé. Les trois copains ont un profil de « meneurs ».

Le jeu consiste à passer une écharpe autour du cou de l'enfant handicapé qui doit faire le chien. Des parents entendent ces trois copains parler entre eux, le plus innocemment du monde, de leur jeu. Scandalisés, les parents s'expliquent avec leurs enfants et prennent rendez-vous avec l'instituteur.

Celui-ci décide de rencontrer les trois élèves, de leur expliquer le handicap de leur ami et les raisons pour lesquelles ce jeu avec l'écharpe est dangereux et interdit. À la fin de la discussion, l'instituteur demande aux trois élèves s'ils veulent bien aider le jeune handicapé et le protéger, dans la cour, de toute agression. Très fiers de leur mission, les trois copains acceptent et continuent à jouer avec l'enfant handicapé mais, cette fois-ci, en le protégeant.

Problèmes relationnels avec les enseignants

Là encore, il convient de prendre la mesure de la situation. S'il s'agit d'une antipathie, même d'une antipathie totale, parfois réciproque, il n'existe aucune solution. Votre enfant n'aime pas le maître, le maître n'aime pas votre enfant et vous n'y pouvez pas grand-chose.

En revanche, si cette antipathie se traduit par des mesures discriminatoires, des injustices, des exclusions de la classe injustifiées, des paroles méprisantes, encore une fois, prenez rendez-vous avec l'enseignant puis, s'il n'y a aucune amélioration, avec le directeur.

Il est généralement impossible d'obtenir un changement de classe. En revanche, votre intervention, si vous restez correct bien sûr, est toujours utile. Il se peut que l'enseignant n'ait même pas réalisé son injustice envers tel ou tel enfant. Quoi qu'il en soit, il sait que vous veillez et évitera certainement, après votre intervention, tout acte « discriminatoire ».

Demandez chaque jour à l'enfant de vous raconter sa journée à l'école. Si l'enfant a été par exemple exclu de la classe, écrivez un mot à chaque fois dans le cahier de correspondance pour demander quelles en sont les raisons.

Enfin, si vous n'obtenez pas d'amélioration, écrivez à l'inspecteur de l'Éducation nationale.

Sachez que les pratiques humiliantes, les commentaires méprisants (écrits par exemple dans les cahiers), les exclusions trop fréquentes et sans réel motif disciplinaire sont interdits aussi bien en élémentaire que dans le second degré.

Redoublements

La scolarité primaire et secondaire est organisée en cycles.

Aucun redoublement n'est demandé en primaire mais vous pouvez, en accord avec l'équipe pédagogique, opter pour un redoublement avant la 6e si le retard paraît impossible à combler et qu'il y va de l'intérêt de l'enfant.

Dans l'ensemble de sa scolarité en élémentaire, votre enfant peut redoubler une fois, en fin de cycle, c'est-à-dire en CE1 ou en CM2, si son retard est trop important.

À partir du collège, un redoublement peut être décidé en fin de 6e, de 4e et de 3e.

Si vous n'êtes pas d'accord avec cette décision, vous disposez d'un délai de quinze jours après réception de la décision du conseil de classe pour faire appel. Vous devez écrire à l'inspecteur d'Académie pour lui signifier votre désaccord et lui donner vos arguments.

Si vous le souhaitez, vous pouvez demander à l'inspecteur d'Académie d'être entendu par la commission d'appel. Cette commission est composée par l'inspecteur d'Académie, des professeurs, des chefs d'établissements, un conseiller principal d'éducation, des représentants de parents d'élèves, un directeur de Centre d'information et d'orientation (CIO), l'infirmière scolaire et l'assistante sociale.

Deux éléments peuvent jouer en votre faveur : tout d'abord, évitez de critiquer les professeurs et de les accuser d'injustice à l'égard de votre enfant. Les commissions d'appel ne supportent pas ce genre d'arguments et c'est compréhensible ; d'autant plus que si l'élève est au collège, il suit des cours dispensés par des professeurs différents et il est difficile de les accuser de complot.

Refuser un redoublement : comment convaincre

Une bonne introduction consiste tout simplement à reconnaître honnêtement que les problèmes existent. Ensuite, expliquez en quoi pour votre enfant, le redoublement n'est pas souhaitable. Vous disposez de nombreux arguments : les redoublements sont la plupart du temps inefficaces et, pour certains élèves, peu sûrs d'eux, ils sont dévalorisants.

Si votre enfant a fait des efforts et qu'il n'a pas réussi, la commission d'appel sera probablement indulgente. Vous pouvez vous engager à lui faire suivre des cours de soutien l'été, la commission d'appel y sera sensible. Au total, si votre enfant ne pose pas de problèmes de comportement et si vous vous montrez sincère et engagés, vous emporterez la conviction. Vous devez vous rappeler que ces commissions ne sont pas là pour vous juger ou juger votre enfant mais pour chercher la bonne solution. À vous de les convaincre que vous, vous la connaissez.

Conseil : ce qu'il ne faut pas faire

Ne dites pas que tous les profs sont nuls et qu'ils détestent tous votre enfant. On ne vous croira pas et vous indisposerez tout le monde.

L'orientation avant la 3ᵉ

Avant la 3ᵉ, aucune orientation ne peut vous être imposée. Les élèves sont sous le régime du collège unique.

Toutefois, si les parents sont d'accord, les élèves qui ne peuvent pas s'adapter aux formes traditionnelles d'enseignement (problèmes psychologiques ou trop grandes lacunes) peuvent être orientés en section d'enseignement général et professionnel. Ces orientations peuvent être provisoires et il est désormais possible, en cours de scolarité, de rejoindre le collège unique.

Les orientations proposées pour les élèves en difficultés sont :
En fin de 5ᵉ :
– une 4ᵉ d'aide et de soutien.

En fin de 4ᵉ :
– une orientation en 3ᵉ d'insertion,
– une inscription en 3ᵉ technologique, classe qui offre en plus des enseignements traditionnels au lycée général des cours de formation professionnelle délivrés au lycée professionnel.

Enfin, pour certains élèves, qui préfèrent la voie professionnelle à l'enseignement scolaire, les classes d'initiation pré-professionnelles par alternance ont le mérite de permettre un contact avec le monde du travail, même sans projet professionnel précis.

Se former à l'orientation

Les erreurs d'orientation sont si courantes qu'il a fallu imaginer des dispositifs de formation à l'orientation.

De nombreux établissements proposent, dès la 5ᵉ, des initiations à l'orientation ; rencontres avec des professionnels, recherches sur internet, etc. Enfin, en 3ᵉ, un stage de formation en entreprise d'une durée d'une semaine est effectué par les élèves. La réforme de Jack Lang prévoit de développer la formation à l'orientation tout au long de la classe de 3ᵉ.

La 3ᵉ : soyez vigilants

L'orientation la plus importante porte sur le choix entre la voie générale et l'enseignement technologique. En fin de seconde, c'est le choix entre 3 filières (scientifique, littéraire ou économique et sociale) qui est déterminant.

Enfin, le choix des parcours de découverte, des langues et des matières optionnelles n'est pas du tout neutre.

En 3ᵉ, les élèves doivent s'informer auprès du conseiller d'orientation psycho-pédagogique sur les différentes filières.

Ce conseiller n'a pas un rôle décisionnaire – il ne faut donc pas le craindre -mais c'est lui qui évalue les capacités et la motivation des élèves.

Si vous êtes en désaccord avec l'orientation décidée au conseil de classe du dernier trimestre

Avant toute chose, prenez rendez-vous avec le chef d'établissement et exposez-lui vos arguments. S'il persiste dans sa conviction, dès réception du document qui confirme sa décision, adressez-lui une lettre l'informant que vous souhaitez faire appel.

Comme pour les redoublements, vous serez entendu, à votre demande, par la commission d'appel.

Des représentants de parents d'élèves siègent à la commission. Contactez-les et demandez-leur conseil. La plupart du temps, ils connaissent l'inspecteur d'Académie et les professionnels qui siègent à la commission.

Si vous en avez le temps et la possibilité, vous pouvez monter un dossier permettant d'expliquer la situation de votre enfant et les raisons pour lesquelles vous n'êtes pas d'accord avec cette orientation. Mais ce travail est moins essentiel que votre conviction et, surtout, le projet de l'élève. Si votre enfant souhaite être entendu et expliquer son projet, son intervention peut être utile. Néanmoins, s'il est trop émotif et si vous craignez une gaffe, il est préférable de vous présenter seul. Si vous avez décidé de vous rendre devant la commission à deux parents, mettez-vous d'accord avant sur vos arguments. Vous contredire devant la commission serait d'un très mauvais effet.

La décision de la commission d'appel est irrévocable. Elle vous est communiquée par écrit. Toutefois, si votre enfant n'a jamais redoublé, vous pouvez encore opter pour un redoublement.

S'il y a eu un vice de forme (par exemple, si on ne vous a pas envoyé de convocation pour être entendu) ou si vous estimez que certains éléments (maladie par exemple) n'ont pas été pris en compte, vous pouvez encore :

– tenter un recours gracieux auprès du recteur,

– saisir le médiateur de l'Éducation nationale,

– tenter un recours hiérarchique auprès du ministre,

– enfin, mais là vous n'avez pratiquement aucune chance, tenter un recours contentieux devant le tribunal administratif.

Les sanctions :
quand sont-elles permises ?

Peut-on punir un enfant parce qu'il ne suit pas assez bien la classe ? Nous sommes nombreux à avoir connu ce mélange des genres entre la punition disciplinaire lorsqu'un enfant perturbe la classe, parle ou se montre impoli, agressif ou violent et la punition parce que, tout simplement, il s'est montré distrait ou qu'il suit mal sa scolarité.

Désormais, cette confusion n'est plus possible. Les textes réglementaires imposent de distinguer clairement les sanctions disciplinaires et, globalement, d'exclure les autres, sauf des devoirs non faits par exemple.

Toutes les études ont en effet montré que le manque de clarté, de distinction, bref l'arbitraire et l'injustice produisaient des réactions de violence.

Le sentiment d'injustice ressenti par les élèves n'est pas nouveau. En revanche, la réaction à l'injustice est plus vive qu'autrefois. Alors, punir, oui, s'il le faut, mais en se montrant juste, exemplaire et pédagogique. C'est le sens de la réforme du régime des punitions scolaires et des sanctions disciplinaires.

Punitions scolaires

Que faire si votre enfant est fréquemment puni ou que sa classe doit effectuer des punitions collectives ? Tout d'abord, bien sûr, vous informer sur les motifs des punitions. Vous pouvez demander par écrit une explication à l'enseignant ou au directeur. Dans certains cas, comme ceux des punitions collectives, vous êtes en droit non seulement d'en dispenser votre enfant mais de rappeler aux responsables que ces punitions collectives sont interdites.

De même, exclure un élève de sa classe est une mesure qui doit être exceptionnelle et se justifier par des faits relativement graves. Si votre enfant est exclu de sa classe parce qu'il est dans la lune

---

Quelles sont les mesures disciplinaires permises ?

La loi distingue depuis juin 2000 de manière très nette les punitions scolaires et les mesures disciplinaires qui sont prononcées par un conseil de discipline.

Considérées comme des mesures d'ordre intérieur, les punitions scolaires peuvent être prononcées par les personnels de direction, d'éducation, de surveillance et par les enseignants. Elles peuvent être également prononcées, sur proposition d'un autre membre de l'équipe éducative, par les personnels de direction et d'éducation.

Les punitions scolaires collectives sont totalement interdites.

Sont également proscrits :
— les châtiments corporels,
— toute violence verbale, attitude humiliante, vexatoire ou dégradante à l'égard des élèves,
— les lignes et les zéros disciplinaires,
— baisser la note d'un devoir en raison du comportement d'un élève ou d'une absence injustifiée.

---

ou qu'il a fait tomber sa trousse par terre, vous êtes en droit de réagir vivement : ce motif est inacceptable.

Attention : seules les punitions qui figurent dans le règlement intérieur peuvent être appliquées

Les sanctions disciplinaires doivent toutes être inscrites dans les règlements intérieurs. Le règlement doit faire mention de la liste des sanctions et punitions encourues et des mesures de réparations qui peuvent être proposées. Toute sanction doit être expliquée à l'élève à qui la possibilité de s'expliquer, de se justifier ou d'être assisté doit être garantie. Les sanctions doivent être proportionnelles aux manquements observés par l'élève.

Elles se se déclinent en « avertissement », « blâme », « exclusion temporaire de l'établissement » et « exclusion définitive ».

Les punitions qui peuvent être inscrites dans le règlement intérieur sont :
- l'inscription sur le carnet de correspondance,
- l'excuse, orale ou écrite,
- le devoir supplémentaire assorti ou non d'une retenue,
- **l'exclusion ponctuelle** d'un cours. Cette exclusion s'accompagne d'une prise en charge de l'élève par un aide-éducateur ou un autre enseignant. Elle doit être tout à fait exceptionnelle (justifiée par un fait grave) et doit donner lieu à une information écrite au chef d'établissement et, dans les collèges, au conseiller principal d'éducation,
- les retenues pour faire un devoir ou un exercice non fait : elles doivent faire également l'objet d'une information écrite au chef d'établissement.

Les devoirs supplémentaires effectués dans l'établisssement doivent être rédigés sous surveillance.

Le blâme est un rappel à l'ordre verbal et solennel adressé par le chef d'établisssement à l'élève, en présence ou non de ses représentant légaux. Il peut être suivi d'une mesure d'accompagnement d'ordre éducatif.

Lorsque la faute a été reconnue, la sanction peut être suspendue et une sorte de période probatoire peut être proposée à l'élève. Un engagement doit être écrit et signé par l'élève qui devra alors respecter le contrat avec l'établissement. En cas d'exclusion du collège ou du lycée, un travail d'intérêt scolaire devra être effectué par l'élève afin d'éviter le désœuvrement et la rupture scolaire. Les travaux scolaires disciplinaires sont des leçons, rédactions, devoirs qui devront parvenir à l'établissement à des dates fixées par le conseil de discipline. Ils ont pour but de rendre la mesure disciplinaire plus efficace. En effet, pour certains élèves, l'exclusion temporaire, voire définitive, est une aubaine.

Les mesures de prévention, de réparation et d'accompagnement

Elles peuvent être prises par le conseil de discipline s'il a été saisi ou par le chef d'établissement.

Les mesures de prévention

Elles ont pour but de prévenir le risque de manquements graves. Elles peuvent concerner la confiscation d'un objet dangereux ou la rédaction d'un document contractuel engageant l'élève à observer les comportements exigés par la discipline.

Les mesures de réparation

Il s'agit de mesures éducatives qui ne doivent comporter aucune tâche dangereuse ou humiliante. L'accord des parents ou de l'élève, s'il est majeur, doit être obtenu. En cas de refus, une mesure disciplinaire peut être appliquée.

La réintégration de l'élève

Elle s'appuie sur un suivi éducatif et un travail de médiation opéré pendant la durée de l'exclusion et après le retour de l'élève en classe.

Qui prononce les sanctions disciplinaires ?

Dorénavant, c'est le conseil de discipline – et non plus le chef d'établissement – qui pourra prononcer l'ensemble des mesures disciplinaires et d'accompagnement.

Comment faire appel ?

La famille, l'élève s'il est majeur ou le chef d'établissement peuvent faire appel de la décision du conseil de discipline auprès du recteur d'Académie dans un délai de huit jours. Le recteur convoque la commission académique d'appel composée par un inspecteur d'Académie, un chef d'établissement, un professeur et deux représentants de parents d'élèves. Cette commission émet un avis et le recteur informe de sa décision dans un délai maximum d'un mois après réception du recours.

chapitre 10

S'organiser collectivement : pourquoi adhérer à une association de parents d'élèves ?

Toutes les questions auxquelles vous serez confrontés tout au long de la scolarité de votre enfant ne sont pas forcément individuelles.

Qu'il s'agisse de sécurité alimentaire, de sécurité routière, de violences ou de problèmes spécifiques à une classe, ce qui arrive à votre enfant, c'est ce qui arrive aux autres. Or, l'une des grandes difficultés pour être entendus s'explique par l'isolement des familles face à une institution soudée qui oppose à vos problèmes singuliers, une réponse collective.

Vous, vous êtes un atome. L'Éducation nationale est un corps.

Pour corriger cette inégalité, un seul moyen : l'action collective.

Qu'est-ce qu'une association de parents d'élèves ?

Les associations de parents d'élèves (loi 1901) sont regroupées en fédérations nationales. Pour adhérer à une de ces associations, il suffit d'avoir un enfant scolarisé. Ces associations interviennent par la voix d'un conseil local composé par les parents de chaque école de la maternelle au lycée.

Le rôle des associations de parents d'élèves est de représenter les parents aux conseils d'école, aux conseils de classe et auprès de l'administration et des pouvoirs publics en général. Elles ont également un rôle de relais et d'information auprès des parents. Elles sont enfin en mesure d'appuyer les parents, même s'ils ne sont pas adhérents, dans un ensemble de démarches y compris lorsqu'il s'agit d'un conflit avec un enseignant ou une école.

Les fédérations de parents d'élèves sont généralement expertes dans le domaine des droits et devoirs des parents, élèves et écoles. Or, ce domaine est en perpétuelle évolution et le caractère complexe du système impose une connaissance très précise des textes, dispositifs et lois sur lesquels on peut s'appuyer.

Du fait de leur action revendicative, les associations de parents d'élèves sont perçues de manière ambivalente par le corps enseignant.

Dans certaines écoles, en fonction de l'évolution des associations et des équipes pédagogiques, une véritable coopération se construit peu à peu. Mais les situations sont très variables. Elles dépendent largement de l'esprit local, de la composition sociologique des familles et des chefs d'établissement qui orientent puissamment leurs équipes.

Chaque fédération de parents d'élèves se réclame de principes généraux sur l'éducation. En début d'année, elles diffusent des documents comprenant une profession de foi, un programme « national » et un programme spécifiquement lié à l'école ou au groupe scolaire.

Les parents sont invités à se rendre à une réunion de présentation qui a lieu la plupart du temps dans les locaux scolaires.

Au cours de cette réunion, les associations recueillent les adhésions. Vous pouvez également adhérer en renvoyant le bulletin diffusé dans les cahiers de correspondance à chaque début d'année.

Tout adhérent peut demander à figurer sur la liste des représentants délégués de parents d'élèves.

Des élections au cours desquelles ces représentants sont élus sont organisées chaque année à la rentrée.

Il existe plusieurs fédérations d'associations de Parents d'élèves. Les principales sont les suivantes :

– La FCPE : La Fédération des conseils de parents d'élèves des écoles publiques, fondée en 1947 par le Syndicat national des instituteurs et la Ligue de l'enseignement, est agréée « mouvement d'éducation populaire ».

Elle recueille 60 % des suffrages dans le secondaire et 40 % dans le primaire. Elle compte actuellement 320 000 adhérents. Les sections locales de la FCPE sont fortement impliquées dans la vie scolaire. Elles se distinguent par un enracinement militant et sont proches des milieux enseignants tout en se montrant très critiques face au corporatisme et face à l'abandon des grands idéaux égalitaires et de mission publique qu'elles dénoncent.

– La PEEP : La Fédération des parents d'élèves de l'école publique, créée en 1926, est très présente à l'école primaire.

– L'UNAPEL : L'Union nationale des associations de parents d'élèves de l'enseignement libre regroupe les parents qui ont choisi l'enseignement privé.

– La FNAPE : La Fédération nationale des associations de parents d'élèves de l'enseignement public est essentiellement implantée dans l'enseignement technique.

– L'UNAAPE. L'Union nationale des associations autonomes de parents d'élèves a été créée en 1968 et regroupe 500 associations locales.

Quand les Fédérations de parents d'élèves interviennent-elles ?

Les fédérations de parents d'élèves ont des représentants dans toutes les instances nationales, départementales ou régionales dans lesquelles se traitent l'ensemble des problèmes scolaires ou périphériques à l'école (ex : sécurité routière, santé, hygiène, équipements sportifs, etc.).

Elles siègent également au Conseil supérieur de l'Éducation. Enfin leurs représentants participent à diverses commissions qui décident :

– de la carte scolaire (nombre de classes, effectifs),
– de l'orientation et l'affectation des élèves (sectorisation),
– de la vie lycéenne,
– de l'attribution des bourses,
– de l'éducation spécialisée,
– de l'harmonisation pour l'entrée en 6ᵉ,
– des activités périscolaires,
– de la formation professionnelle,
– des transports scolaires.

Quand intervient l'association de parents d'élèves

La loi d'orientation sur l'éducation de juillet 1989 reconnaît les parents comme des partenaires à part entière de l'école et de l'éducation nationale.

En primaire

À l'école primaire, les délégués des associations de parents d'élèves participent au conseil d'école qui traite du fonctionnement de l'école et de tous les sujets touchant à la vie scolaire.

Ces conseils d'école composés par le directeur, un représentant de la municipalité, les instituteurs, un nombre égal de parents délégués, l'inspecteur de l'Éducation nationale, un membre du réseau d'aide spécialisé et un délégué départemental de l'Éducation nationale se réunissent chaque trimestre.

Le premier conseil d'école a lieu obligatoirement dans les quinze jours qui suivent les élections de parents d'élèves. Les réunions ont lieu à l'école, en dehors des heures de classes, à des heures compatibles avec les horaires des parents.

Les associations de parents d'élèves sont représentées dans les conseils d'école au prorata du nombre de voix obtenues aux élections.

Le conseil d'école vote le règlement intérieur et donne un avis sur :
– la composition des classes,
– les manuels,
– l'organisation des activités scolaires,
– les actions pédagogiques, en particulier le projet d'école, qui

doit s'inscrire dans des objectifs nationaux publiés au *Journal officiel.*

– l'utilisation des moyens alloués à l'école et à la coopérative,
– les conditions de bonne intégration des enfants handicapés,
– l'hygiène scolaire,
– la protection et la sécurité des enfants dans le cadre scolaire et périscolaire.

En outre, les associations de parents d'élèves peuvent demander à ajouter à l'ordre du jour toutes questions qu'elles souhaitent voir débattues.

Après chaque conseil d'école, un procès verbal est établi par l'école. Il doit être validé par les associations de parents d'élèves. En cas de désaccord, les réserves exprimées par les parents d'élèves doivent figurer sur le procès verbal.

Par ailleurs, les parents d'élèves ont le droit de diffuser toute documentation à l'ensemble des parents. Les documents doivent être placés dans les cahiers de correspondance par les écoles.

Les associations de parents d'élèves ont également le droit de disposer de panneaux d'affichage devant les écoles.

Enfin, elles peuvent organiser leurs réunions en dehors des heures scolaires dans les locaux de l'école.

Pourquoi voter et participer aux conseils d'école ?

Il faut voter aux élections de parents d'élèves, non seulement pour être représentés mais pour exprimer par le vote l'implication des parents.

Il faut participer aux conseils d'école parce qu'ils représentent actuellement l'instance la plus démocratique de l'école.

Dans de nombreux domaines, ces conseils ont seulement un rôle consultatif mais il existe une remontée vers ceux qui décident. Or ces décideurs ne savent rien si on ne leur dit rien et pour cause ! Ils ne sont pas sur le terrain.

Les procès-verbaux doivent être considérés comme une aide à la décision et comme l'expression des choix des équipes scolaires et des parents.

Par ailleurs, la municipalité et le conseil général gèrent de nombreuses affaires scolaires. Or, les parents d'élèves ne sont pas seulement des parents : ils sont aussi des citoyens qui votent. Aussi, ces instances sont-elles attentives à la critique ou aux suggestions des parents d'élèves notamment dans le domaine de la sécurité, de la construction ou non d'écoles, de la restauration scolaire, du périscolaire ou du social.

Toutes ces questions se règlent dans le cadre de la proximité. En revanche, à Paris, si vous manquez de surveillants à l'interclasse, la municipalité n'y peut rien. Ce problème concerne la Direction aux affaires scolaires.

Beaucoup pensent qu'il faudrait décentraliser, c'est-à-dire permettre une gestion locale de ce type de problèmes. Mais l'idée d'une décentralisation qui mettrait fin graduellement à l'unité de l'Éducation nationale fait peur. Sans doute avec quelques motifs.

Dans le second degré

Les parents délégués siègent au conseil d'administration avec les élus (conseil général), les enseignants, le chef d'établissement, les représentants du personnel administratif, de service et des représentants de collégiens et lycéens.

Le conseil d'administration adopte le budget, le règlement intérieur, les programmes d'actions particulières, l'utilisation des heures d'enseignement, l'organisation du temps scolaire, les conventions.

Il donne son accord sur l'organisation d'activités complémentaires par les collectivités locales (temps périscolaire).

Il donne un avis sur les créations et suppressions de sections et d'options, les choix des manuels, l'information des personnels, parents et élèves et l'utilisation des locaux scolaires en dehors des heures d'ouverture. Il statue sur le projet d'établissement.

Les représentants de parents d'élèves participent à la commission permanente (chef d'établissement, gestionnaire, élus locaux, représentants des personnels et des élèves) qui instruit toutes les questions soumises au conseil d'administration et qui siège **au conseil de discipline**.

La commision permanente participe également au conseil de perfectionnement et de la formation professionnelle. Cette instance consultative intervient sur le programme d'actions particulières (enfants en difficultés ou projets), la formation continue des adultes, les relations avec le monde social, économique et professionnel.

Enfin, les parents d'élèves sont représentés au conseil de classe (chef d'établissement, enseignants, délégués des élèves, conseiller principal d'éducation, conseiller d'orientation et, le cas échéant, médecin, assistant social, infirmier) qui **suit le comportement scolaire de chaque élève et arrête les propositions d'orientation**.

Le Conseil de classe

Comme le conseil d'école, il se réunit 3 fois par an et à la demande du chef d'établissement quand il le juge utile.

Le professeur principal ou l'un des membres de l'équipe pédagogique expose les résultats des élèves et les conseils en orientation formulés par les équipes enseignantes. Des éléments d'ordre éducatif, médical et social sont examinés. Des aides éventuelles sont proposées pour certains élèves.

Il n'y a pas de vote au cours du conseil de classe mais les différents participants émettent des avis et argumentent. Le rôle des délégués des parents d'élèves est essentiel. Les délégués peuvent et doivent s'informer de la vie de la classe et des problèmes rencontrés par les élèves. Ils doivent se montrer particulièrement vigilant sur ce qui engage l'avenir des jeunes, en particulier l'orientation.

Comment participer à la vie de l'école et des établissements

Pour certaines familles, il est pour le moins difficile de trouver du temps pour s'impliquer dans les associations de parents d'élèves.

Le geste du vote est déjà en soi une participation. Il renforce la représentativité des parents d'élèves et ce n'est pas du luxe !

L'adhésion à une fédération est un geste plus militant. Sachez que les fédérations n'ont pas toutes la même philosophie et choisissez la vôtre, en fonction de vos convictions.

Être délégué représentant de parents d'élèves permet de vivre plus pleinement la vie de l'école. Cette fonction vous ouvrira les portes d'un monde inconnu mais si voulez vous montrer réellement utile aux parents, il est nécessaire d'y consacrer du temps. Un délégué de parents d'élèves doit pouvoir se rendre disponible pour les conseils, les réunions et aussi, tout simplement, pour les autres parents. Or, il arrive que les parents délégués s'imaginent qu'ils se délèguent eux-mêmes. C'est que l'intérêt général est une vieille idée, un peu oubliée.

Autre problème : vous noterez qu'il existe des parents d'élèves un peu schizophréniques parce qu'ils sont aussi enseignants. Non que l'intérêt des enseignants, celui des enfants et celui des parents soient toujours opposés. Mais tout de même ! Si, par exemple, les enseignants décident de grèves répétitives la même année ou le même mois, il arrive que le parent-enseignant soit d'accord et pas les autres parents (lui, de toute façon, n'a pas à chercher de solutions de garde puisqu'il fait grève).

Loin de nous l'idée de remettre en cause le droit légitime à la grève. Mais, de fait, il existe des conflits d'intérêt et parfois des désaccords, sur les motifs des grèves ou toutes sortes de questions.

En ce cas, les parents-enseignants sont tiraillés entre leur appartenance au corps enseignant et leur appartenance à une association de parents d'élèves. Il leur arrive d'ailleurs de confondre cette association avec un syndicat enseignant.

Mais, même si ça coince et si ça tiraille, les associations de parents d'élèves sont de plus en plus efficaces.

Exemple

Dans une école apparemment sans problèmes, parents et enseignants multiplient les conflits, souvent sur des détails. L'atmosphère devient irrespirable. Au moindre désaccord, des deux côtés on s'accuse et on se menace de porter plainte.

Voici comment une section locale de fédération a réussi à « forcer » les portes d'une école élémentaire, dans un contexte où parents et enseignants cultivaient à loisir le mépris réciproque.

L'association propose un projet d'animation le samedi matin avec les enfants et les enseignants sur le thème de l'enrichissement culturel apporté en France par l'immigration. Les équipes pédagogiques se montrent particulièrement outrées d'une telle audace. Les tensions montent d'un cran supplémentaire et les situations conflictuelles se multiplient à l'intérieur même de l'association de parents. Les critiques fusent. Quelle idée ! Quel irréalisme ! Nous, parents, on a déjà tellement de mal à se faire entendre. Pourquoi se montrer si ambitieux ? Ça ne marchera jamais.

Mais les parents délégués continuent, patiemment, à élaborer leur projet et à le remettre à l'ordre du jour de chaque conseil d'école. Au bout de deux ans d'entêtement, de discussions et de conflits, il se passe quelque chose. À force de parler, d'exprimer leurs désaccords, leurs problèmes, leurs souhaits, parents et enseignants commencent à se connaître très bien. Des sympathies naissent. Et au bout du compte, une majorité d'enseignants décide de collaborer au projet. Commence alors une période d'intense préparation qui aboutira au bout d'un an à une exposition réalisée par les parents, les enseignants et les élèves.

Voilà ce qu'on appelle une « coproduction » éducative. L'expression n'est pas séduisante. Mais les moments vécus sont inoubliables pour la « communauté éducative », comme on dit dans les textes, en forme de vœux pieux.

Travaillons ensemble

Une réelle coopération se met en place aujourd'hui entre les équipes pédagogiques et les parents d'élèves mais elle réclame une mobilisation de tous. L'essentiel est d'apprendre à s'écouter mutuellement. C'est vite dit, mais c'est un long travail. Gros chantier mais le jeu en vaut la chandelle.

Quand nos préjugés, nos susceptibilités et notre mépris facile le cèdent enfin à la volonté d'agir pour l'intérêt bien compris de l'enfant, parents, enseignants, bravo !

Nous sommes enfin... adultes.

Le médiateur

Preuve que l'ambiance n'est pas toujours au beau fixe, le ministère de l'Éducation a créé en 1988 une nouvelle fonction : celle de médiateur de l'Éducation nationale. Comme le médiateur de la République, son rôle est de recevoir les réclamations individuelles, qu'elles proviennent de parents, d'élèves ou de membres du personnel de l'Éducation nationale. Le médiateur intervient lorsque les différends, par exemple sur un choix d'orientation, n'ont pas trouvé de résolution. Or, cette situation est très courante. Avant de saisir le médiateur, il faut avoir épuisé tous les recours (ce qui, dans certains cas, est très rapide). Une fois saisi, le médiateur va s'efforcer de renouer le dialogue et il va éventuellement proposer des solutions.

Attention, le médiateur peut aussi rejeter une réclamation. Enfin, il ne règle généralement pas les problèmes d'une certaine gravité.

chapitre 11

La violence à l'école

La violence à l'école n'est pas un phénomène nouveau. Mais le terme même de violence est aujourd'hui galvaudé. On parle par exemple de violence institutionnelle parce que les institutions (comme l'hôpital, l'école, la police) sont autoritaires et considérées de ce fait comme « violentes ».

Par ailleurs, sous ce vocable de la violence, on ne distingue plus une insulte d'une agression corporelle. Car le sentiment d'insécurité dans notre société est diffus : il se nourrit autant d'un quotidien difficile mais banal que d'actes de violence particulièrement spectaculaires et extrêmes.

Est-ce la violence qui a réellement augmenté dans les écoles ou notre peur ? Est-ce la violence ou notre refus de la violence ? Enfin, qui est responsable ?

Un sondage réalisé en novembre 1999 par la SOFRES révèle que pour 80 % des Français, la priorité pour l'école dans les années à venir est la lutte contre la violence, juste derrière la lutte contre l'échec scolaire (58 %).

Le terme de « violence » est utilisé depuis peu au sujet de l'école. Les chahuts, les brimades, les menaces, les règlements de compte ont toujours existé dans les écoles.

Ces dernières années, cependant, une limite a été franchie. Les actes violents proviennent aujourd'hui de gamins de plus en plus jeunes. Ils semblent sans limites et paraissent de plus en plus improvisés.

Plus que de violences, il faut parler d'une menace permanente.

Une violence imprévisible et souvent sans objet, sans but réel, peut se manifester à n'importe quel moment.

Cette violence est d'autant plus incompréhensible qu'elle n'est pas forcément causée par un conflit ou un désaccord. La plupart du temps, le motif de la violence, c'est le rapport que le jeune entretient avec lui-même et ce qu'il projette ou suppose au sujet de sa victime. Être le « méchant » est une identité. Ne pas se laisser faire devant les copains, se montrer le plus agressif possible, c'est être fort et reconnu.

Comme on ne peut pas la comprendre à partir des intérêts des protagonistes, la violence actuelle a un caractère insaisissable. Comment lutter contre ce que l'on ne comprend pas ?

Jouer à faire peur

En groupes, en bandes, les jeunes peuvent s'amuser à faire peur. Mais le jeu devient parfois sérieux et il arrive que ce qui ne peut se régler dans l'enceinte de l'école se passe dehors, non loin.

Lorsqu'un élève est menacé, lorsqu'il devient la victime désignée d'un individu ou d'un groupe à l'école, il a peur de rentrer chez lui, d'être suivi et il risque réellement quelque chose. La violence commence à l'école mais elle se poursuit parfois hors des murs de l'école.

Ces situations peuvent contraindre des familles à déménager. Car il ne suffit pas toujours de changer un élève d'école lorsqu'il est menacé ou agressé. Il arrive qu'après avoir changé d'école, un élève soit suivi, attendu devant chez lui et violemment agressé, de sorte qu'il ne reste plus à la famille qu'à plier bagage.

La violence à l'école : une découverte récente

Même si elle n'est pas un phénomène nouveau, la violence à l'école n'a été reconnue que très récemment. Les premières études sérieuses datent de 1994-1995, périodes trop proches pour qu'on puisse faire des comparaisons avec le bon temps où les mômes marchaient, paraît-il, à la baguette. Les trois ministres qui se sont succédé – François Bayrou, Claude Allègre et Jack Lang – ont tous proposé un plan anti-violence, plus ou moins répressif, plus ou moins éducatif mais, jusque-là, peu inventif.

D'étude en étude

Tout de même : ils se sont tous mis au travail et ils ont sincèrement, sans doute, essayé de comprendre. Comment ça marche cette violence ? Quelle est son origine ? Comment y répondre dans l'école ? Jusque-là la tendance des différents ministères a été de privilégier la prévention et l'action éducative. Mais depuis la gifle récente de François Bayrou à un gamin qui voulait lui faire les poches (du moins le suppose-t-on), on ne sait plus si cette orientation sera maintenue.

Quoi qu'il en soit, privilégier des mesures éducatives dans le cadre de l'école paraît assez logique. Des dispositifs aux qualificatifs ambitieux, quand ils ne sont pas prétentieux, ont donc été mis en place : ce sont « les centres pédagogiques renforcés » (plutôt que les travaux forcés) et les « travaux d'intérêt éducatif » (plutôt que travaux d'intérêt général).

Par ailleurs, les experts ont estimé que la violence commençait par un mot à la mode : l'incivilité. L'incivilité est une forme d'incorrection et d'impolitesse. Sont inciviles de nombreuses personnes, mais à l'école (comme d'ailleurs dans les « quartiers ») ce comportement banal est qualifié d'incivilité, un peu comme s'il s'agissait d'une catégorie juridique. Seul problème : l'incivilité n'est pas une catégorie juridique.

Les chiffres de la violence scolaire

En 1998-1999, les établissements du second degré ont déclaré en moyenne et par trimestre 240 000 incidents de toute nature. Parmi ces incidents, 2,6 % sont qualifiés de faits graves mais 70,8 % de ces faits graves sont en fait des insultes ou des menaces qualifiées de « violences verbales ».

Viennent ensuite les coups et blessures (22,4 %), le racket (3,3 %), le port d'armes blanches (1,7 %), les violences sexuelles (1,6 %) et le port d'armes à feu, rarissime (0,2 %).

La majorité des victimes de ces faits pris dans leur ensemble sont des élèves (78 %) et le personnel (20 %).

Pourtant, les résultats s'améliorent...

Les résultats de la dernière étude conduite d'octobre à décembre 2002 par le ministère de l'Éducation nationale auprès de 20 sites expérimentaux retenus en 1997 par Claude Allègre sont pour le moins surprenants au regard de l'affolement général.

On constate que la situation s'améliore dans l'ensemble des académies, à l'exception de Créteil et de Versailles, où les incidents sont de plus en plus nombreux et de plus en plus graves. La diminution de la violence semble étroitement liée – on l'aurait deviné ! – à la stabilité du personnel. Les établissements où les profs et les éducateurs changent fréquemment sont ceux où le taux de violence est le plus élevé. En effet, la diminution de la violence est principalement liée à une plus grande confiance et une plus grande proximité avec les différents professionnels de l'école.

Enfin, lorsqu'il existe une action commune avec les équipes pédagogiques, les parents, les associations et, bien entendu, les institutions (collectivités locales, police, etc.), la violence diminue. Lorsque l'action éducative de l'école et des associations n'est pas défaite, ou réduite à néant par des interventions policières sans motif par exemple, les résultats obtenus sont réels.

Une coordination dans chaque département

Par ailleurs, une circulaire visant à instaurer une coordination anti-violence scolaire dans chaque département a été diffusée. Désormais, préfets, procureurs, recteurs, inspecteurs et représentants de la protection judiciaire de la jeunesse doivent travailler main dans la main.

Stabiliser les équipes enseignantes

Pour stabiliser les équipes enseignantes, le gouvernement a adopté, dès 2001, des mesures d'urgence. Pour les établissements difficiles, les professeurs peuvent demander des affectations collectives (autrement dit, un couple de profs peut demander à travailler dans le même établissement) et un avancement accéléré de carrière contre un engagement sur plusieurs années est proposé aux candidats pour ces établissements.

La balle est donc dans le camp du ministère de l'Éducation nationale qui devrait affecter des enseignants expérimentés dans les établissements difficiles et créer les conditions de la stabilité des équipes.

Histoire vraie :

La mésaventure de parents en colère

Dans un collège, un élève est en permanence menacé, harcelé et agressé par un groupe d'élèves de sa classe. Les parents en informent le chef d'établissement et rencontrent le conseiller principal d'Éducation. Malgré leur intervention, l'élève est à nouveau agressé physiquement. À la suite de cette nouvelle agression, il sera admis à l'hôpital. L'examen médical montre qu'il existe bien des douleurs dues aux coups reçus mais rien de plus. Encore une fois, les autorités du collège sont averties.

Une semaine plus tard, la situation se reproduit. Furieux, les parents se rendent dans le collège en début d'après-midi, à la reprise des cours. Ils se placent devant l'entrée de la classe et interpellent le groupe d'élèves. Ils leur signifient fermement qu'ils ont en face d'eux des adultes qui interviendront par tous les moyens, y compris directs, si les menaces et les agressions se reproduisent.

Un enseignant qui passe à ce moment-là dans le couloir ordonne aux parents de se rendre immédiatement chez le chef d'établissement et menace d'appeler la police. Les parents sont publiquement désavoués et traités en délinquants. Ils ont un entretien avec le chef d'établissement qui déclare ne pas pouvoir assurer la sécurité des élèves et leur conseille, soit d'accompagner et de venir chercher l'élève de 12 ans tous les jours, soit d'attendre que quelque chose de plus grave ne se produise afin de pouvoir porter plainte à la police.

Légalement, le chef d'établissement eût été en droit, si les parents avaient réellement causé du scandale, de les faire expulser et de leur interdire tout accès à l'enceinte du lycée. Mais des parents avertis pouvaient exiger des preuves de ce scandale. Or, ils n'avaient même pas élevé la voix. Le scandale consistait à se mêler d'une affaire qui n'était pas la leur puisqu'elle se produisait dans l'enceinte de l'établissement mais qui n'était pas non plus celle de l'établissement, puisque les « autorités compétentes » ne pouvaient rien faire.

L'intervention des parents d'élèves joue également un rôle essentiel. Dans certains quartiers, des parents se sont constitués en associations pour lutter contre la violence et mieux encadrer les enfants. Ces parents doivent se battre pour pousser la porte de l'école et être associés aux mesures de lutte contre la violence. Car rien ne s'arrête, ni ne commence à la porte de l'école.

Violences à l'école : l'action du ministère de l'Éducation nationale

En 1997, a été lancé le Plan d'action de prévention de la violence en milieu scolaire. Ce plan prévoit :
– les cas de recours à la police,
– une concertation permanente entre la gendarmerie, la magistrature et les autorités académiques,
– la création de cellules de réflexion et d'aide à l'échelle des rectorats,
– une incitation à augmenter les horaires d'instruction civique dans les établissements.

À l'automne 1998, un texte spécifique interdisant les bizutages a été publié : c'est la loi anti-brimades.

Le 27 janvier 2002, le ministre a lancé la deuxième phase du plan anti-violence scolaires. Ce plan associe à la lutte anti-violence toutes les mesures visant à combattre l'échec scolaire et à permettre une meilleure intégration des jeunes socialement défavorisés.

Parmi ces mesures : les dispositifs de classe – relais dans lesquels interviennent la justice et l'aide sociale à l'enfance et la mise en place de groupes de travail sur la violence constitués par les élèves eux-mêmes, assistés de médiateurs.

chapitre 12

Les recours juridiques

À l'école, la vie de votre enfant peut être marquée par des incidents plus ou moins graves. Il sera parfois victime, parfois même responsable. Voici quels sont vos droits et devoirs.

À l'école ou sur le trajet qui y mène, votre enfant peut être victime d'un accident, d'un vol, d'une agression ou d'un racket... Dans tous les cas, vous devez connaître les démarches à entreprendre, vis-à-vis de l'école, des assurances et savoir que vous pouvez déposer plainte auprès de la police, de la gendarmerie ou du procureur de la République.

Votre enfant a été agressé à l'école

S'il s'agit d'un acte de violence grave, comme un coup de cutter par exemple, l'enseignant ayant connaissance de cette infraction pénale prendra toutes dispositions pour effectuer un signalement, lequel sera transmis sans délai au procureur de la République. Mais il est des situations moins graves : par exemple, lorsqu'en primaire votre enfant est attaqué, et blessé légèrement, au cours d'une bagarre, par un camarade avec une règle, un compas, etc. Vous pouvez alors prendre contact avec l'enseignant ou le chef d'établissement, puis en fonction du contexte et de la gravité des faits, décider de porter plainte soit au commissariat de police (en ville) ou à la gendarmerie.

Conseil :
apportez le maximum de renseignements

Si votre enfant est agressé, et qu'il est blessé, prenez la peine de reconstituer minutieusement les faits. Vous êtes forcé de le faire lors d'un accident de la route, grâce au constat amiable, suivez la même démarche. Prenez le maximum de précisions sur les circonstances de l'agression, notez le nom et l'adresse des témoins éventuels. Demandez à votre enfant ou aux témoins de décrire l'agresseur (type, âge, coupe de cheveux, taille et corpulence, signes particuliers : lunettes, cicatrice, barbe). Tous ces éléments seront très utiles à la police dans le cadre de leur enquête.

Faites établir immédiatement par un médecin un certificat médical précis sur la nature des blessures.

Au niveau des assurances, l'agression doit être déclarée dans les cinq jours ouvrés. Contactez rapidement le bureau auprès duquel vous avez souscrit l'assurance scolaire (ou contactez votre assureur personnel). Vous devrez raconter les circonstances précises de l'incident et joindre le certificat médical.

Racket

Isolés, moins forts, plus jeunes, de nombreux élèves – dès le primaire – se voient contraints de donner régulièrement de l'argent, des objets, de rendre un service. Pour cela, le racketteur emploie la menace, plus rarement les coups. La menace est toujours effrayante : il s'agit d'empêcher la victime d'aller tout raconter immédiatement à un surveillant ou à ses parents.

Le racket est une véritable agression, assimilée à l'extorsion ou à un vol avec violence, selon les cas. La peine maximum encourue est donc lourde : jusqu'à 7 ans d'emprisonnement et 106 700 euros d'amende.

Le racket peut se rencontrer déjà dès les petites classes, et doit déjà être systématiquement combattu. Par exemple : un élève oblige un autre élève à porter systématiquement son cartable, à faire ses devoirs ou à lui donner son goûter. Pour un tout petit, c'est un grand traumatisme d'être obligé de donner son goûter. Ces incidents se passent à l'intérieur de l'école, hors de vue du personnel enseignant bien sûr, à la sortie ou sur le trajet de l'école. Pour le racketteur, c'est la loi du plus fort, pour la victime c'est la loi du silence. Dès que votre enfant est en âge d'être scolarisé, dites-lui qu'il ne doit jamais rester seul avec son problème de racket : il doit en parler dès le début. À vous-même, à un ami, à un professeur qu'il aime bien.

La victime d'un racket se sent humiliée, mise dans une situation d'infériorité, presque d'esclavage. L'auteur d'un simple vol peut agir sur un coup de tête, le racketteur met une véritable stratégie au point. C'est un acte réfléchi. Dès que vous avez connaissance d'un racket, il faut donc porter plainte. C'est un délit qui doit être sanctionné. Vous irez en parallèle voir le directeur de l'école en primaire ou le proviseur en lycée. Car il existe bien sûr des sanctions disciplinaires à côté des sanctions légales.

Conseils anti-racket pour ses enfants

Voici les conseils que donne la police, vous pouvez les transmettre à vos enfants :
- N'aie jamais honte d'en parler ;
- Ne crains pas les représailles, tout sera fait pour les empêcher ;
- Évite d'emprunter les rues isolées ;
- Ne dis pas ou ne montre pas que tu possèdes de l'argent de poche ou des objets de valeur ;
- Si possible sur le trajet, fais-toi accompagner par d'autres élèves.

Mettez vos enfants dans le coup

Si vous allez porter plainte et si l'enfant qui a été victime est assez grand pour comprendre ce qui se passe (à partir de 10/12 ans), emmenez-le avec vous. Il pourra ainsi constater que des adultes se préoccupent de ce qui lui est arrivé. Le sentiment de justice est très fort chez les enfants, cette déposition officielle peut le rassurer et le réconforter.

Réclamer des sanctions disciplinaires

Si l'élève qui a blessé ou racketté votre enfant est un habitué des actes violents, n'hésitez pas à aller trouver le chef d'établissement : il peut (et doit) engager des sanctions disciplinaires à l'encontre d'un tel élève.

Les chefs d'établissement : directeur, principal, proviseur, sont responsables du maintien de l'ordre. Ils peuvent prononcer un simple avertissement (c'est cependant déjà une sanction) ou exclure temporairement un élève. L'exclusion, si elle est temporaire, ne peut aller au-delà de huit jours. Une faute très grave va entraîner la comparution de son auteur devant le conseil de discipline. Ce dernier peut prononcer une exclusion définitive. En tant que parents, vous pouvez peser en groupe sur cette décision si l'élève est multirécidiviste et met en péril le sentiment de sécurité de tout l'établissement.

Votre enfant est victime d'un vol

Les vols sont hélas fréquents dans les établissements scolaires. Les vêtements de marque laissés accrochés au portemanteau pendant la classe ont parfois disparu à la sortie.

L'établissement scolaire est en principe responsable mais dans la réalité, il n'est pas facile de prouver le vol. Un enfant peut avoir laissé son vêtement n'importe où et il n'est pas rare de le découvrir un mois plus tard aux objets trouvés. En témoigne, à la fin de chaque année scolaire, le tas d'objets divers qui reste dans le placard des objets trouvés sans avoir jamais été réclamés. Prenez connaissance du règlement intérieur. Certains objets ne doivent pas pénétrer dans l'enceinte de l'école. Les armes, évidemment, mais aussi les jeux tels que Game Boy, etc. En cas de disparition d'une Game Boy, le chef d'établissement vous dira que votre enfant ne devait pas la prendre avec lui et vous serez désarmé.

Conseil : soyez réaliste

On peut bien sûr porter plainte chaque fois que son enfant se fait voler un vêtement. Mais les chances qu'une réelle enquête soit diligentée pour un tel motif sont des plus minces. Il n'y a généralement aucune preuve, aucun témoin et le dommage est faible. Mais les petits vols qui ne constituent qu'un préjudice moral dans les familles aisées deviennent un véritable drame au sein de familles plus démunies. Peut-être est-il imprudent de l'habiller en Nike de la tête aux pieds ou de lui donner une montre qui va faire des envieux.

Dans ce cas, la meilleure méthode consiste à demander à rencontrer le chef d'établissement, qui entretient des rapports réguliers avec la police dans le cadre d'un partenariat étroit. C'est là qu'il sera mené une action contre le vol, qui pourra avoir des retombées positives sur les cas individuels.

Votre enfant est victime d'un accident

Il n'y a pas cette fois d'acte malveillant. Votre enfant est tombé dans l'escalier en faisant la course avec un copain ou à la suite d'une bousculade.

Les enseignants sont par principe responsables des élèves qui leur sont confiés. Leur responsabilité peut donc être engagée pour un accident survenu pendant la classe, à l'occasion d'une sortie scolaire ou pendant la récréation, en particulier en primaire. À l'école maternelle ou élémentaire, les enfants sont placés durant la récréation sous la responsabilité des enseignants. Au collège ou au lycée, des surveillants prennent le relais.

Cette responsabilité administrative des enseignants ne peut se confondre avec une responsabilité judiciaire. Encore faut-il que les parents prouvent qu'il y a eu imprudence ou négligence, ce qui n'est pas toujours chose facile.

Le risque zéro – faut-il le rappeler – n'existe pas. Les enfants jouent et c'est normal. Ils courent, sautent, se bousculent, font du sport. Même si c'est difficile à entendre par des parents, il est logique qu'ils se blessent de temps à autre. Avant qu'un tribunal puisse retenir des dommages et intérêts, il faut donc qu'il y ait une négligence avérée de l'enseignant. Pour éviter les abus, les tribunaux ne retiennent plus systématiquement sa responsabilité.

Les tribunaux tiennent de plus en plus compte des circonstances pouvant expliquer les défaillances de surveillance (nombre d'élèves à surveiller particulièrement élevé, par exemple...).

Demander réparation à l'État

Si l'accident dont votre enfant a été victime vous paraît imputable à une faute de l'enseignant, vous pouvez engager une action en responsabilité contre l'État pour obtenir réparation. En effet, une loi ancienne (1937), mais toujours en vigueur, prévoit que la responsabilité de l'État se substitue automatiquement à celle de l'enseignant pour les dommages qu'il a causés. L'affaire sera plaidée devant les tribunaux civils.

Les activités extérieures

De plus en plus d'activités se déroulant pendant le temps scolaire sont animées par des intervenants extérieurs. Mais puisque ces animateurs interviennent pendant les heures de cours, l'enseignant n'est pas délivré de son devoir de surveillance, même s'il ne participe pas lui-même à l'activité. En cas de noyade d'un élève à la piscine, par exemple, la responsabilité de l'instituteur sera engagée au même titre que celle du maître nageur.

N.B. Les organisateurs d'activités extrascolaires peuvent légalement refuser des élèves s'ils ne sont pas couverts par une assurance. Les chefs d'établissement pour leur part doivent prier les familles de vérifier que leur enfant est couvert par une assurance pour les dommages qu'il pourrait subir ou causer.

Concernant les intervenants extérieurs, la loi du 3 juillet 1992 prévoit que l'action en réparation concerne :
• La collectivité publique qui rémunère ces intervenants.
• L'employeur s'il s'agit de salariés du secteur privé.
• L'État si les activités étaient conduites par des bénévoles.

Violences d'un enseignant

Contrairement à ce qui était admis il y a plus de vingt ans, un maître n'a plus le droit de « corriger » un élève. La gifle est interdite, comme le coup de pied aux fesses. On a vu des cas, récemment, où des parents avaient intenté des procès à la suite d'une simple gifle. On peut soupçonner que leur premier motif était de tenter de récupérer des dommages et intérêts. Le traumatisme subi par les enfants pris dans la tourmente d'affaires très médiatisées risque d'être bien plus important que la gifle reçue.

Il vous appartient de faire la part des choses. Si votre enfant a tenu des propos infamants à l'encontre de l'enseignant, il y a des colères légitimes. Si la gifle a été très légère, une entrevue avec le maître ou le professeur en direct est sans doute la meilleure démarche à entreprendre. Par contre, si le coup a été très violent, c'est le signe d'un adulte incapable de se contrôler en face d'un enfant. Vous devez rencontrer le proviseur ou le directeur d'école pour avoir son opinion. Essayez de savoir autour de vous si c'est – ou non – la première fois que cet enseignant se laisse aller de la sorte. Vous déciderez ensuite de porter plainte ou non. Mais sachez que la plainte est recevable dès qu'il y a un coup volontaire porté sur l'élève. Sachez également que, comme pour toute plainte, c'est au procureur qu'il appartiendra de donner la suite qui lui semble la plus adaptée.

Atteintes aux mœurs

Dans ce domaine, les procédures d'information sont désormais plus efficaces du fait des liens entre l'Éducation nationale, la justice, la police et la gendarmerie. Les policiers et les gendarmes participent à des réunions d'information dans les classes sur ce sujet, comme sur le racket, les dangers de la toxicomanie ou l'éducation routière.

Le numéro d'appel pour l'enfance maltraitée, le 119, doit obligatoirement être affiché dans toutes les écoles. La plupart des enfants, au moins au collège, connaissent ce numéro et sa signification. Les enfants victimes – ou souvent leurs copains – utilisent de plus en plus ce numéro. Si le nom d'un enseignant revient plusieurs fois ou si les faits décrits sont graves, il y aura signalement auprès du conseil général qui va diligenter une enquête.

Conseil : faites parler...

Dans une affaire de mœurs, quand il n'y a pas flagrant délit, il est très difficile de savoir ce qui s'est passé exactement. Il faudra faire parler beaucoup son enfant pour parvenir à entrer dans les détails. Une analyse souvent délicate est nécessaire pour identifier les gestes anodins et les distinguer de ceux à connotation sexuelle car un enseignant peut avoir un geste de tendresse mal interprété. En tout état de cause, il faut d'abord aviser le chef d'établissement.

Des spécialistes de l'écoute

Si vous avez de gros doutes, sachez qu'il existe des agents spécialisés dans les commissariats et des brigades de mineurs. Ces fonctionnaires sont spécialement formés à l'écoute des enfants. Grâce à leur formation et à leur expérience professionnelle, ils sauront très vite s'il y a un vrai problème de mœurs de l'enseignant ou s'il s'agit d'une affabulation. Dans ce domaine, la rigueur et la prudence sont de mise : les peines à l'encontre de l'enseignant sont très lourdes : jusqu'à 20 ans en cas de viol. Le simple soupçon peut ruiner une carrière et parfois une vie. On a déjà vu des cas de suicide.

Il peut arriver enfin qu'un enfant fasse des dessins, très évocateurs pour un spécialiste, qui témoignent presque à coup sûr d'un viol ou d'une agression sexuelle. Mais ce n'est pas parce que l'enfant désigne un professeur que c'est, à coup sûr, ce dernier le coupable. C'est pour l'enfant une façon détournée de dire une vérité parfois indicible (si c'est le père ou un autre membre de la famille par exemple).

N.B. La dénonciation calomnieuse est sévèrement punie par la loi : jusqu'à 5 ans d'emprisonnement et 45 800 euros d'amende. Art. 226-10 du Code pénal.

Les enseignants sont prévenus

Lorsqu'elle était au ministère, Ségolène Royal a beaucoup œuvré dans ce domaine. Le corps enseignant est, depuis cette date, très informé des obligations qui pèsent sur lui en cas de non-signalement de mauvais traitements à enfants. Les professeurs sont donc conscients de la nécessité d'éviter tout débordement. Dès qu'il a connaissance de ce type d'infraction, le chef d'établissement est tenu légalement de le signaler. Ce qui rompt avec des habitudes répréhensibles où on se contentait de muter l'enseignant pour éviter le scandale.

N.B. Si le numéro d'appel pour l'enfance maltraitée, le 119, n'est pas affiché, ou pas de façon suffisamment visible, vous pouvez exiger du chef d'établissement qu'il se conforme à la loi du 10 juillet 1989 qui prévoit son affichage dans tous les lieux recevant habituellement des mineurs.

La responsabilité pénale de l'enseignant

Si la responsabilité de l'État se substitue à celle de l'enseignant pour les condamnations civiles prononcées à son encontre, il n'en va évidemment pas de même pour les condamnations pénales qui, sanctionnent, dans tous les cas, l'auteur et lui seul.

Le procureur de la République se saisit généralement lui-même de l'affaire quand les faits sont publics et ont attiré l'attention de la police ou de la gendarmerie. Mais vous pouvez aussi vous constituer partie civile et porter plainte contre l'enseignant.

Le mineur ayant moins de défense qu'un adulte, la société se doit de le protéger. C'est pourquoi le fait de porter atteinte à sa personne constitue une circonstance aggravante. Autre élément aggravant, l'enseignant ayant autorité sur l'élève, il a pour mission de le protéger, non de lui causer des dommages.

La sanction prévue en cas de viol passe de quinze à vingt ans de réclusion criminelle lorsqu'il est commis sur un mineur de moins de quinze ans ou lorsqu'il est perpétré par une personne qui abuse de l'autorité que lui confèrent ses fonctions.

C'est votre enfant le responsable

Si vous avez lu tout ce qui précède, vous devinez les problèmes qui vous attendent... Si c'est votre enfant qui a causé le dommage, votre responsabilité civile sera retenue. Vous êtes, en effet, civilement responsable de votre enfant tant qu'il n'a pas atteint sa majorité (18 ans). C'est-à-dire que si les assurances ne jouent pas, vous serez tenu de payer les dommages. Toutefois, en cas d'émancipation (à partir de seize ans), le mineur affranchi de l'autorité parentale devient civilement responsable.

Responsable pénalement

Si vous le pensez sur la mauvaise pente, vous pourrez lui expliquer qu'un mineur qui commet un délit (vol, racket, dégradations volontaires...) ou un crime (viol, meurtre) n'est pas à l'abri de poursuites judiciaires et encourt des sanctions pénales graves. Un mineur peut en effet, dès treize ans, être poursuivi pénalement – et éventuellement condamné à une peine d'emprisonnement par le tribunal pour enfants.

L'article 322-1 prévoit par exemple que des dégradations volontaires peuvent entraîner des peines allant jusqu'à deux ans d'emprisonnement et 30 500 euros d'amende.

Selon l'ordonnance de 1945, le mineur de moins de treize ans n'est pas responsable pénalement. Il ne pourra donc pas être poursuivi sur le plan pénal mais peut faire l'objet de mesures éducatives.

Contravention d'intrusion

Les établissements scolaires bénéficient depuis quelques années d'une nouvelle protection. Il s'agit de la contravention d'intrusion (décret du 6 mai 1996). L'intrusion est le fait de pénétrer dans l'enceinte d'un établissement scolaire, public ou privé, sans y être habilité ou y avoir été autorisé. C'est une contravention importante puisqu'elle est punie de 460 à 920 euros ; de 920 à 1 840 euros en cas de récidive et que des peines complémentaires peuvent être prononcées : un travail d'intérêt général d'une durée de 20 à 120 heures.

Conseil : utilisez l'aide juridictionnelle

Si vous avez un doute, en cas de vol, racket, agression, etc., n'hésitez pas à consulter un avocat en demandant au tribunal le bénéfice de l'aide juridictionnelle. L'avocat de permanence ne vous coûtera donc rien si votre enfant a moins de dix-huit ans.

La police à l'école

Depuis des années, la police, la gendarmerie et l'Éducation nationale travaillent main dans la main. En matière de prévention, vos enfants en savent parfois plus que vous.

Il y a vingt ans, il n'était pas d'usage que la police entre dans les écoles. Il s'est produit depuis une grande évolution. Dans le sens d'une plus grande présence aux côtés de l'Éducation nationale. Ce mouvement partenarial s'est accéléré, et depuis une dizaine d'années, la collaboration et notamment la circulation de l'information entre Éducation nationale, police et justice est permanente. C'est principalement dans les établissements d'enseignement secondaire où surviennent les plus gros problèmes de sécurité que la police intervient.

En 1997 ont été mis en place les contrats locaux de sécurité et la police de proximité. Avec deux innovations qui concernent l'école :

• Les brigades des mineurs qui ne s'occupaient jusque-là essentiellement que des victimes ont été chargées de prendre en compte tous les faits de violence à l'encontre des élèves et des professeurs : racket, port d'armes, agressions, menaces, etc.

• Un corps de policiers spécialisés pour intervenir auprès des jeunes a été créé. Dans chaque circonscription de police, il existe un correspondant local police jeunes. Il est chargé de faire l'interface entre la police, les jeunes et l'Éducation nationale. Le proviseur rencontre régulièrement son correspondant pour lui signaler des faits préoccupants : des plaquettes vides de comprimés ou des seringues trouvées dans la cour ou dans les toilettes de l'établissement scolaire par exemple peuvent signifier que des jeunes se droguent. En fonction de la sensibilité des collèges, et du contexte local, la présence de la police est plus ou moins forte.

Au niveau départemental, un policier « référent » encadre les différents correspondants et fait remonter l'information. Entre police (ou gendarmerie), Inspection d'académie, Éducation nationale, il existe un véritable partenariat tant au niveau local que départemental.

La police peut participer aux CESC (Comités d'Éducation à la Santé et à la Citoyenneté). La mission de ces comités est de repérer les premiers troubles du comportement chez les jeunes. Elle peut, de même, être présente au conseil d'établissement, selon les vœux du proviseur et participer au projet pédagogique de l'établissement.

Ces dispositions lui permettent de faire ses interventions en fonction du programme scolaire.

Enfin au sujet de la drogue, l'information est assurée par les policiers formateurs anti-drogue de la Direction de la sécurité publique. Ils interviennent surtout dans les collèges et les lycées et un peu dans les écoles primaires. En 2002, on peut dire que les forces publiques sont aux côtés de l'Éducation nationale.

Numéros utiles

• 119 « Allô Enfance maltraitée »
Racket : Jeunes violences Écoute : 0 800 20 22 23 (gratuit et anonyme)

• SOS Drogue : 0 800 142 152 ou 0 800 95 25 52 numéro gratuit et anonyme.

• Info-préfecture : 08 36 67 22 22
Urgence : Police Secours : 17.

• Certificats médicaux sur Paris. Hôtel-Dieu : Urgences médico-judiciaires : 01 42 34 82 34.

• Problèmes graves de cantine : Services vétérinaires : 01 44 79 51 51.

Défenseur des enfants (créé en mars 2000) directement sur le site : www.defenseurdesenfants.fr

• Si la décision contestée a été prise au niveau rectoral, vous pouvez vous adresser au médiateur de l'Éducation nationale sur son site :

www.education.gouv.fr/syst/mediateur

Si votre enfant a été victime d'une infraction à l'école ou sur le chemin de l'école, n'hésitez pas à déposer plainte !

Par exemple votre fils s'est fait agresser ou est victime de racket, le fonctionnaire de police est tenu de prendre votre plainte. En cas de refus de sa part ou de mauvaise volonté évidente, vous avez toujours la possibilité de vous adresser à son supérieur hiérarchique. Pour des vols peu importants (trotinette), mais cependant commis avec une certaine violence, certains fonctionnaires estiment qu'ils perdent leur temps à des broutilles. Quand votre enfant se fait entourer par une bande d'autres gamins et dépouiller, lui le vit comme un acte d'une grande violence. Quant aux gamins en bande qui procèdent de la sorte, on peut penser qu'il est temps de s'occuper d'eux, de les prendre en charge et de prendre des mesures éducatives avant qu'il ne soit trop tard.

chapitre 13

Qui pilote et contrôle l'école ?

Trois types d'administrations sont sous l'autorité du ministre de l'Éducation nationale et du ministre délégué à l'Enseignement professionnel : les Inspections générales, les Directions de l'administration et des personnels et les organismes consultatifs (Médiateur de l'Éducation nationale, Conseil national des programmes, de l'innovation scolaire, Observatoire national de la lecture, de la sécurité, Comité national de lutte contre la violence à l'école, etc.).

L'Inspection générale de l'Éducation nationale (IGEN)

Placée sous l'autorité directe du ministre, l'Inspection générale de l'Éducation nationale a une triple fonction d'expertise, d'encadrement et d'évaluation. C'est une institution forte et originale puisque ce système d'appui et de contrôle reposant sur une diversité de fonctions n'a pas son équivalent dans d'autres pays. En pratique, ces modalités de contrôle sont cependant très balisées (cf. chapitre 6).

Créée en 1802, l'IGEN a vu tout au long de son histoire ses missions se diversifier et s'étendre. Les écoles, les collèges, les lycées et les lycées professionnels ainsi que les établissements de formation du personnel de l'Éducation Nationale sont sous son contrôle.

L'Inspection générale de l'Éducation nationale évalue à la fois la formation des enseignants, les programmes, les contenus d'enseignement, les méthodes pédagogiques et les outils. Elle participe au contrôle et au recrutement des personnels d'inspection, de direction, d'éducation et d'orientation. Elle intervient également dans le recrutement, et l'évaluation des pratiques pédagogiques des enseignants. Elle comprend 156 membres répartis sur 14 groupes permanents et spécialisés. La France est divisée en trente académies qui constituent chacune une unité territoriale mais dépendent de l'Éducation nationale. Les Collèges académiques interviennent auprès des corps d'inspection territoriaux en liaison avec le recteur d'académie ; enfin des groupes thématiques et des commissions rassemblent temporairement des inspecteurs généraux autour de problématiques communes.

Le recteur, représentant de l'État dans l'académie

Le recteur est compétent dans son académie pour les contenus d'enseignement, l'organisation du système éducatif, les cursus scolaires et la gestion du personnel du second degré. Il préside le conseil d'administration de l'Institut universitaire de formation des maîtres de son académie.

Par ailleurs, le Centre national d'enseignement à distance (CNED) est dirigé par un recteur. Enfin à Paris, l'organisation se complexifie un peu plus : à côté du recteur de Paris, chancelier des Universités, est nommé un directeur chargé des enseignements scolaires qui est placé au-dessus de l'inspecteur d'académie.

L'Inspection

Ce corps fut créée en 1836 pour l'inspection du primaire. Il s'est depuis beaucoup diversifié. Les inspecteurs de l'Éducation nationale ont essentiellement pour fonction de contrôler et de noter les personnels ainsi que la formation pédagogique. Les inspecteurs territoriaux sont également chargés des relations publiques avec différents services (mairies, services préfectoraux ou du conseil Général, santé, familles, justices, transports, équipements) ou avec les tribunaux ou la gendarmerie.

L'Inspection générale de l'administration de l'Éducation nationale et de la recherche

Il s'agit d'une instance de contrôle administratif. Elle contrôle et inspecte, dans les domaines administratifs, financiers, comptables et économiques et du personnel. Elle contrôle la gestion et l'utilisation des ressources financières, conseille les instances ministérielles ou déconcentrées et les chefs d'établissements, enfin, elle procède, à la demande du ministre, à toutes études ou réflexions portant sur les structures et le fonctionnement du système éducatif.

Il existe trois sortes d'inspecteurs de l'Éducation nationale.

L'Inspecteur général de l'Éducation nationale

Comme son nom l'indique, il a des compétences nationales, ce qui signifie que vous n'aurez en principe aucune raison d'avoir un contact avec lui.

L'inspecteur d'Académie

Placé sous l'autorité du recteur, il est chargé de responsabilités administratives. Il peut avoir des compétences territoriales à l'échelle d'une académie, ou bien pédagogiques (inspecteurs pédagogiques régionaux) ou encore spécialisées (documentation, orientation, formation, etc.). Il intervient dans les opérations de constructions ou reconstructions d'établissements et il est responsable de la fameuse **carte scolaire**, c'est-à-dire de la répartition des secteurs, du nombre de classes par établissements et des effectifs par classe. Il est également en liaison avec les inspecteurs de l'Éducation nationale. Enfin, c'est lui qui est l'interlocuteur des maires pour tout ce qui concerne les écoles et les établissements scolaires des communes. **L'inspecteur d'Académie est compétent pour les problèmes qui peuvent se poser dans les collèges et les lycées de son académie.**

L'inspecteur de l'Éducation nationale

C'est le plus proche interlocuteur des enseignants et des parents pour tout ce qui concerne les personnels des écoles maternelles et élémentaires. Il a pour mission de conseiller, d'inspecter et de noter les personnels des écoles maternelles et élémentaires de sa circonscription et il doit veiller au respect des programmes nationaux. Il donne un avis sur le projet d'école adopté par les conseils d'école et il le transmet à l'inspection académique. Il donne également un avis pour tout projet de modification des rythmes scolaires dans sa circonscription. Il préside la commission de circonscription préélémentaire qui s'occupe notamment des affectations dans les classes d'intégration scolaire. Il existe par ailleurs des inspecteurs de l'Éducation nationale spécialisés en adaptation et intégration scolaire.

La majorité des conflits ou désaccords avec des enseignants en primaire sont, en dernière instance, de son ressort.

chapitre 14

Qui est responsable des établissements ?

À l'école primaire (maternelle et élémentaire)

La mairie

Elle est responsable de l'entretien des locaux, du personnel municipal d'entretien et de tout financement lié au fonctionnement pédagogique (petits matériels, photocopies, supports pédagogiques, etc.)

La préfecture de police

Elle est responsable de tout ce qui concerne la sécurité routière aux alentours de l'école. En principe, il doit être possible, en cas de danger, d'obtenir soit des réaménagements routiers, des modifications de sens, des déplacements de feux ou la présence d'agents pour aider les enfants à traverser aux heures de rentrée ou de sorties scolaires.

En pratique, parents, bon courage, si vous vous attelez à ce genre de problèmes. Sachez que les administrations se renvoient à tour de rôle la patate chaude et que, pour des raisons mystérieuses, certains quartiers favorisés bénéficient de moyens assurant la sécurité des enfants, d'autres, moins favorisés, n'y parviennent pas, même avec une mobilisation des parents et des écoles.

Si toutefois ce problème se présente aux alentours de l'école de votre quartier, vous pouvez peut-être obtenir gain de cause à condition de ne pas relâcher la mobilisation et ce, sur plusieurs années !

La caisse des écoles

Elle est domiciliée dans les mairies et gère les repas de la cantine, leur tarification, leur paiement et l'attribution de tarif dégressif en fonction de ce qu'on appelle le « quotient familial ». Si vous pensez avoir droit à un tarif dégressif, vous devez vous rendre au bureau de la caisse des écoles qui se trouve dans la mairie et retirer un dossier. Le tarif appliqué tient compte de vos revenus, du nombre d'enfants de la famille et des charges.

Créée par la loi du 15 avril 1867, étendue à toutes les communes dès 1882, la caisse des écoles est un dispositif ancien dont les attributions se sont beaucoup développées : organisation de la cantine, services, colonies de vacances, etc.

Les caisses des écoles bénéficient souvent des statuts associatifs de l'économie sociale. Tout parent dont l'enfant est domicilié dans une école de l'arrondissement peut devenir, moyennant une somme modique, sociétaire de la caisse des écoles. Les bulletins d'adhésion sont disponibles au secrétariat de la caisse des écoles ou peuvent être adressés par courrier sur simple demande.

En tant qu'adhérent, vous pouvez être candidat pour représenter les parents d'élèves.

Présidée par le maire, la caisse des écoles organise la plupart des services proposés par la ville aux parents : garderie, centres de loisirs et restauration scolaire. Le conseil d'administration de l'association est composé de représentants de l'État : un inspecteur de l'Éducation nationale et un membre désigné par le préfet. La représentation des élus municipaux et des parents d'élèves est paritaire. Malheureusement, il est très fréquent que les postes des parents d'élèves ne soient pas pourvus, faute d'information des parents d'élèves ou faute de disponibilité.

Les décrets de 1960 et 1961 ont établi la parité entre les représentants élus par les adhérents et les élus municipaux, l'inspecteur de l'Éducation nationale de l'école maternelle et primaire et le représentant du préfet.

La caisse des écoles
garante de la sécurité alimentaire

C'est la caisse des écoles qui commande les repas de la cantine. Il existe deux possibilités : soit les repas sont préparés dans une cuisine centrale municipale, soit ils sont commandés à une société de restauration collective sélectionnée sur appels d'offre. La caisse des écoles n'a pas le droit, du fait de la législation européenne, de restreindre des appels d'offre par exemple à la France. C'est pourquoi, au moment de la crise de la vache folle, de nombreuses caisses ont décidé de supprimer purement et simplement le bœuf.

La caisse des écoles est libre en revanche d'avoir un cahier des charges très exigeant et peut faire effectuer des contrôles très sévères.

Pourquoi devenir sociétaire et candidat à la caisse des écoles ?

C'est très simple : en posant votre candidature après avoir réglé votre cotisation, vous pouvez intervenir sur le contenu du cahier des charges, le choix des fournisseurs, la tarification, la sécurité alimentaire, la qualité gastronomique des repas, le prix et le coût des repas.

Par ailleurs, même si vous n'êtes pas sociétaire de la caisse des écoles, vous avez le droit de demander aux services municipaux de consulter le cahier des charges. Cette consultation vous permet de vérifier si la commune prend toutes les précautions et garanties nécessaires et quel est son niveau d'exigence.

Les services municipaux n'ont pas le droit de vous refuser cette consultation. N'hésitez donc pas, en cas de refus, à vous adresser à la commission d'accès aux documents administratifs.

La Direction aux affaires scolaires (Dasco)

À Paris, c'est l'organe qui gère et emploie le personnel non municipal et non enseignant des écoles, principalement le personnel d'encadrement des élèves, à l'exception des emplois-jeunes qui dépendent du ministère de l'Emploi et de la Solidarité.

C'est la Dasco qui définit le taux d'encadrement des personnels de surveillance mais c'est le directeur de l'école qui a la responsabilité de l'organisation de ce service de surveillance. En principe, le directeur d'école peut refuser certains candidats. Dans les faits, il y a un tel manque de personnel que les directeurs d'école sont souvent obligés de fermer les yeux sur certains manquements.

Exemple : un surveillant de cantine passe tout l'interclasse à hurler des injures et des gros mots devant des gamins d'élémentaire. La directrice intervient à plusieurs reprises sans succès. Et avoue son impuissance car la sécurité relevant de sa responsabilité, en dessous d'un certain nombre de surveillants, elle ne peut plus l'assurer et doit fermer la cantine.

Sur Paris, ce déficit notoire en nombre de postes de surveillance pour l'interclasse ou pour certaines sorties, pose aujourd'hui de sérieux problèmes de sécurité. Pourquoi faire simple quand on peut faire compliqué ? Au lieu de procurer un statut aux surveillants ou d'intégrer l'interclasse dans les missions attribuées aux emplois-jeunes, on a préféré organiser la précarité.

Les surveillants d'interclasse ne peuvent pas effectuer d'heures de surveillance à l'étude, ni dans aucun autre cadre. Ils sont dans leur immense majorité des vacataires, rémunérés 20 euros brut par vacation, ce qui ne peut représenter qu'un complément d'activité professionnelle. Ce statut précaire n'offre aucune opportunité d'évolution ; enfin les contraintes sont importantes (milieu de journée, enfants nombreux, équipes réduites).

Résultat : il n'y a pas assez de surveillants et la rotation de ce personnel est telle qu'il est impossible de les intégrer à l'ensemble du projet éducatif.

Dans les collèges et lycées

C'est l'État qui rémunère l'ensemble des fonctionnaires enseignants ou administratifs, personnels de surveillance et d'éducation. Il existe par ailleurs des subventions de l'État destinées aux budgets de fonctionnement des lycées et collèges : fournitures de matériel scolaire et de documentation pédagogique, mise en œuvre des projets d'établissements, subventions pour l'organisation des examens et concours. C'est lui enfin qui promulgue les lois d'orientation du ministère de l'Éducation nationale.

Selon la loi de décentralisation, les régions et les départements assurent toutes les dépenses de construction, reconstruction, extension, grosses réparations, équipement et fonctionnement.

chapitre 15

Qui dirige,
enseigne et surveille ?

À l'école primaire

Les directeurs d'école

Ils assument un double rôle administratif et et pédagogique mais ce sont des instituteurs comme les autres. Ils reçoivent les inscriptions et assurent toutes les formalités, y compris concernant la restauration scolaire, la garderie, l'étude surveillée, les accidents.

Ils ont parfois la charge d'une classe. Ils animent l'équipe pédagogique mais n'ont pas sur elle de rapport hiérarchique. Cependant, ils exercent généralement une réelle influence sur les équipes.

Les enseignants à l'école primaire
(maternelle et élémentaire)

Les enseignants de l'école primaire sont recrutés sur diplôme (niveau licence) par voie de concours. Depuis 1990, ils reçoivent une formation pédagogique spécifique dans les IUFM (Instituts universitaires de formation des maîtres) et ont le statut de « professeur des écoles ». Ils ont une mission d'enseignement, de surveillance et d'éducation. Ils peuvent exercer indifféremment en école maternelle ou élémentaire, les deux appellations étant regroupées sous le vocable « école primaire ».

L'équipe pédagogique est composée de tous les enseignants de l'école et des membres du réseau d'aide spécialisée des aides-éducateurs, enfin, pour la dernière année de maternelle, du directeur ou de la directrice de la dernière année de l'école élémentaire.

Les intervenants du réseau d'aide spécialisée

Ce sont :
– les rééducateurs en psychomotricité (RPM),
– les rééducateurs psychopédagogiques (RPP),
– les psychologues scolaires.

Les aides-éducateurs

Ce sont les emplois-jeunes de l'école. Ces aides-éducateurs sont âgés de 18 à 26 ans et ils ont souvent suivi une formation aux métiers socio-éducatifs. Ils exercent une mission éducative et de surveillance. Ils n'ont pas de rôle pédagogique. Ils ont été accueillis diversement dans les écoles mais le dispositif s'est aujourd'hui imposé. Certains syndicats enseignants ont brocardé ces emplois jugés précaires et, en tous les cas, extérieurs au corps professoral. En réalité les emplois-jeunes bénéficient d'un statut tout à fait honorable avec une garantie d'emploi de 5 ans.

De manière générale, les aides-éducateurs de l'école primaire forment un personnel qualifié. Ils sont chargés notamment :
– d'aide à la surveillance et à l'encadrement, y compris hors temps scolaire,
– d'aide à l'étude,
– d'aide à l'encadrement des sorties scolaires,
– d'aide à l'intégration des enfants handicapés.

Ces missions étant trop concrètes, on a cru bon d'y ajouter « le renforcement du lien entre l'école et la communauté éducative ». À ces fonctions peuvent s'ajouter des fonctions plus spécialisées (technologies, langues, activités culturelles, etc.).

Les agents territoriaux spécialisés des écoles maternelles

Ce personnel communal est chargé d'assister les enseignants des écoles pour les soins à donner aux enfants et l'entretien des locaux et du matériel. En principe, ils sont membres de plein droit de la « communauté éducative ».

Au collège et au lycée

Le chef d'établissement

Il est nommé par le ministre de l'Éducation nationale. C'est lui qui représente l'établissement en justice et dans tous les actes de la vie civile. Il a autorité sur tout le personnel de l'établissement à l'exception notable des fonctionnaires de l'État, donc des enseignants. Il préside le conseil d'administration, la commission permanente, le conseil des délégués d'élèves et c'est lui qui ordonne les dépenses et propose le budget de l'établissement. Il est responsable de l'ordre dans l'établissement et veille au respect du règlement intérieur.

Enfin, il engage les actions disciplinaires et intente les poursuites devant les juridictions compétentes. C'est lui qui prononce les sanctions qui vont de l'avertissement à l'exclusion temporaire de l'établissement. L'exclusion temporaire ne peut excéder huit jours mais d'autres sanctions sont possibles, en fonction du règlement intérieur de chaque établissement.

Le chef d'établissement doit rendre compte de sa gestion au conseil d'administration et doit en informer l'autorité académique.

Il doit veiller à ce que des panneaux d'affichage et, dans la mesure du possible, un local soient mis à la disposition des délégués des élèves, du conseil des élèves et des associations d'élèves. En cas d'urgence, notamment en cas de menace pour l'ordre (par exemple, du scandale) ou d'actes de violence ou de vandalisme, le chef d'établissement peut interdire provisoirement l'accès de l'enceinte de l'établissement tant à des personnes extérieures qu'au personnel de l'établissement. Il peut également décider de suspendre les enseignements ou autres activités dans l'établissement.

Les adjoints

Le chef d'établissement est secondé dans ses tâches pédagogiques éducatives et administratives par un adjoint nommé par le ministère de l'Éducation nationale ou par l'autorité administrative. Dans certains collèges, il est également secondé par un directeur adjoint de la section d'éducation spécialisée. Dans certains cas, la fonction d'adjoint est assurée à temps partiel par un professeur ou par le conseiller principal d'éducation.

Enfin, un gestionnaire ou trésorier, nommé par le ministère de l'Éducation ou l'autorité académique, assure la gestion matérielle et financière.

Le conseiller principal d'éducation (CPE)

Le conseiller principal d'éducation (ancien « surveillant général ») est chargé de régler divers problèmes qui se posent dans l'établisssement, notamment les questions disciplinaires, les absences et les retards. C'est un personnage incontournable du collège. Il assure non seulement une fonction de contrôle mais un rôle de médiateur dans les différents conflits ou désaccords. Par ailleurs, c'est lui qui assure la formation des délégués d'élèves. Il anime parfois le foyer socio-éducatif et participe à certains conseils de classe.

C'est une fonction qui a beaucoup évolué. Si la surveillance et le contrôle de l'assiduité font partie de la mission du CPE, il joue également un rôle éducatif et de dialogue. Il est à la fois chargé de signaler les absences ou manquements, donc de réprimer et d'aider les élèves à trouver une solution. Il n'est pas rare de le trouver dans son bureau entouré de deux ou trois élèves effectuant des révisions ou une punition.

Les aides-éducateurs

Comme en primaire, ce sont des emplois jeunes. Comme les anciens surveillants qui étaient généralement des étudiants, les aides-éducateurs des collèges et lycées disposent de deux cents heures libérées dans l'année pour leur formation. Ils assurent une fonction polyvalente : surveillance, aide aux devoirs, sorties scolaires, apprentissage des nouvelles technologies, etc. Ce sont eux enfin qui établissent un dialogue avec les élèves les plus difficiles et essaient de régler les conflits.

Mais tous les aides-éducateurs ne sont pas des emplois-jeunes. Ainsi récemment, certains lycées et collèges ont embauché, comme aides-éducateurs, des jeunes bénéficiant de dispositifs d'insertion.

On imagine aisément le raisonnement qui a germé dans l'esprit des initiateurs du projet : face aux élèves réputés « durs » de certains collèges, ces jeunes pourraient se faire mieux respecter que d'inoffensifs étudiants. Malheureusement, l'arme est à double tranchant. Ainsi, récemment, dans un collège de l'Est parisien, un aide-éducateur version « dur et tatoué » a-t-il tout simplement envoyé un coup de poing à une aide-éducatrice qui s'était permise de le contredire. Un élève qui avait tenté de s'interposer a lui aussi récolté un coup de poing. Le surveillant a été licencié. Mais les anciens élèves du lycée se rappellent encore ce qu'il leur disait lorsqu'il surveillait des exercices sur table : « Attention, nous avons tous pouvoirs pour réprimer ceux qui troublent l'ordre public ! »

À l'heure où nous écrivons ces lignes, nous sommes persuadés que dans l'esprit de décideurs, d'autres idées, tout aussi géniales, sont en train de germer. Par exemple, si on remplaçait les inoffensifs étudiants par des recrues de l'armée ? C'est drôle que personne n'y ait pensé avant !

L'infirmière scolaire

L'infirmière scolaire joue un rôle central dans les établissements du second cycle. Elle a en charge plusieurs établissements et assure dans chacun d'eux une permanence au minimum de deux matinées.

Son rôle est d'assister le médecin scolaire lors des visites médicales mais surtout d'accueillir les élèves en cas de malaise ou de problème de santé ou qui ont tout simplement besoin de se reposer ou de parler.

Comme le médecin scolaire et l'assistante sociale, l'infirmière scolaire est tenue au secret professionnel sauf en cas de maltraitante ou de violences sexuelles. L'infirmière scolaire recueille souvent les confidences des élèves. Elle joue un rôle important sur le plan psychologique et affectif.

L'infirmière n'a pas le droit de fournir de médicaments aux élèves mais elle peut, en cas de chute par exemple, utiliser des pommades ou des désinfectants. En outre, depuis 2000, elle a le droit d'assurer une contraception d'urgence en délivrant aux élèves qui en font la demande ou qui confient leur inquiétude, la pilule du lendemain (Norlevo), qui est un médicament en vente libre.

Lorsqu'un problème de santé est persistant, il est signalé aux parents qui viennent chercher l'élève. En cas de problème familial, l'infirmière se charge fréquemment de trouver une autre solution.

Enfin, en cas d'urgence, chaque établissement dispose d'un numéro d'appel d'urgence. Lorsque l'infirmière est absente, les élèves sont orientés vers le bureau d'un membre de l'administration (gardien, trésorier, chef d'établissement, CPE).

L'assistante sociale

Comme les infirmières, elles ont en charge plusieurs établissements sauf dans les Zones d'éducation prioritaires où la tendance est de mettre en place des postes fixes.

L'assistance sociale est chargée de mettre en place des dispositifs d'aide, de bourses ou de tarifs dégressifs pour les familles défavorisées. Elle reçoit élèves et parents sur rendez-vous. Elle est tenue au secret professionnel mais travaille en coordination avec le conseiller principal d'éducation et les enseignants qui l'informent d'éventuels problèmes (absences ou retards répétés, comportements violents, etc.).

En cas de maltraitance ou de violences sexuelles, l'assistante sociale n'est plus tenue au secret professionnel. Elle doit obligatoirement en référer au procureur de la République qui peut décider d'envoyer la brigade des mineurs ou d'effectuer un signalement au juge des enfants.

L'assistante sociale intervient dans les actions de prévention collective qui portent généralement sur les produits dangereux, les conduites à risque, la sexualité, la contraception, parfois des problèmes qui se posent spécifiquement dans tel ou tel établissement.

Le conseiller d'orientation psychologue

Comme son nom l'indique, c'est un psychologue habilité à faire passer des tests. Il n'est pas enseignant. Son rôle est d'aider les élèves à former un projet professionnel en fonction de leurs goûts, de leurs compétences et de leur motivation.

Il dépend du centre d'information et d'orientation où il tient une permanence. Par ailleurs, il intervient dans les collèges, notamment dans le cadre de réunions d'orientation. Vous ne pourrez pas le rater à certains moments clés de l'orientation, notamment en 3e. Les élèves comme les parents peuvent prendre rendez-vous pour obtenir des informations ou des conseils personnalisés.

Généralement, le conseiller d'orientation est perçu de façon ambiguë. Il apparaît comme celui qui va faire « le tri ». Malgré les efforts qu'il accomplit pour expliquer son rôle, sa fonction provoque une sorte d'hostilité instinctive.

Comme dans la plupart des cas, le mieux est de ne pas écouter les craintes et les préjugés. Beaucoup de parents évitent tout dialogue avec le conseiller d'orientation parce qu'ils lui prêtent un trop grand pouvoir. C'est souvent dommage car des informations sont perdues et c'est totalement inutile. Il faut cependant prendre à la lettre le mot « conseiller ». Un conseiller donne un avis et des conseils. Il ne prend pas les décisions.

Le gestionnaire (ou économe, trésorier)

Il fait partie du personnel administratif et élabore un budget annuel soumis au conseil d'administration. Tout projet nécessitant une participation financière (séjours linguistiques, sorties culturelles, impression de journal, etc.) lui est soumis. Il est également chargé de la restauration scolaire, du paiement des repas, des prix, de l'élaboration des menus, de l'encadrement du personnel de service et d'entretien, de la sécurité et de l'entretien des locaux et du matériel.

Le professeur principal

Depuis 1963, dans chaque classe, un professeur principal est nommé par le chef d'établissement parmi une liste de professeurs volontaires. À ce titre, le professeur principal reçoit une rémunération supplémentaire. Cette fonction, redéfinie par une circulaire datant de 1993, ne nécessite pas de formation spécifique. Elle n'a rien à voir avec le caractère jugé principal ou non de la discipline enseignée par le professeur choisi.

Le professeur principal assume un rôle de coordination et de lien entre les élèves, l'administration et les enseignants des différentes disciplines.

Il rassemble un certain nombre d'informations concernant le parcours de chaque élève et sa situation. Il prépare le conseil avec l'ensemble des élèves et aide les délégués à préparer leur intervention. Pendant le conseil, il effectue un bilan trimestriel de la classe et après le conseil, il peut en faire le compte rendu à l'ensemble de la classe.

En outre, il est chargé de veiller à l'organisation, de faire noter les changements d'emploi du temps et parfois de faire distribuer des documents administratifs.

Lorsqu'un parent souhaite connaître le bilan global de son enfant, il peut demander un rendez-vous au professeur principal.

Le rôle du professeur principal est essentiel car c'est lui finalement qui fournit l'image globale, plus ou moins positive, de chaque élève.

Seul problème : il est en charge d'une discipline, ce qui peut mettre à mal ses qualités d'objectivité. Si cette discipline est celle dans laquelle tel ou tel élève a le plus de difficultés, les effets peuvent être indifféremment positifs ou négatifs. Soit, le professeur principal considère que sa discipline aussi est principale et il donne une image très négative de l'élève, soit au contraire, en tant que professeur principal, il redouble d'efforts pour l'aider.

Par ailleurs, dans certaines disciplines, un professeur coordonnateur est désigné pour gérer les difficultés avec ses collègues de la même discipline : c'est le cas, notamment, des professeurs d'éducation physique et sportive.

Professeur

Les enseignants sont tous diplômés d'État. Ils peuvent avoir différents statuts :

Professeurs certifiés

Après avoir obtenu une licence (Bac + 3), ils ont été reçus au concours du CAPES (certificat d'aptitude pédagogique à l'enseignement secondaire).

Professeurs agrégés

Après avoir obtenu une maîtrise (Bac + 4), ils ont été reçus au concours de l'agrégation.

Professeurs d'enseignement général et de collège (PEGC)

Ce sont d'anciens instituteurs devenus professeurs des collèges. Ils sont de moins en moins nombreux (environ 30 000 actuellement) car ce mode de recrutement a été supprimé.

Maîtres auxiliaires (MA)

Ils ne sont pas titulaires d'un poste. Chargés de remplacer les professeurs absents, ce sont des enseignants itinérants. Pour faciliter leur titularisation, des concours spécifiques ont été mis au point.

Les adjoints d'enseignement

Ils sont progressivement titularisés en fonction des notes obtenues lors des inspections. C'est une catégorie en voie d'extinction.

Les vacataires

Ce sont des étudiants titulaires d'une licence qui peuvent effectuer des remplacements d'une durée maximale de 200 heures annuelles.

Les Instituts universitaires
de formation des maîtres

C'est la loi d'orientation du 10 juillet 1989 qui a donné naissance aux IUFM. Les IUFM se substituent aux écoles normales chargées de former les instituteurs, aux Centres pédagogiques régionaux pour les professeurs du second degré et aux écoles normales pour les professeurs de l'enseignement professionnel.

Tous les maîtres, de l'école maternelle aux classes terminales du second degré, sont recrutés au même niveau, la licence ou un équivalent (Bac + 3) et formés pendant deux ans dans la même institution.

Depuis 1991, il existe un Institut de formation des maîtres par académie.

Les candidats à l'entrée en IUFM sont recrutés sur dossier et éventuellement sur entretien. La première année est consacrée à un enseignement à la fois universitaire et professionnel. L'accès à la deuxième année n'est ouvert qu'aux étudiants ayant été admis à un des concours académiques ou nationaux.

Cette deuxième année prolonge l'enseignement de la première année et comporte des stages dans les structures d'enseignement pour lesquelles l'étudiant a été recruté.

Elle se termine par une certification incluant la validation des études théoriques et la présentation d'un mémoire professionnel.

Enfin, il faut noter qu'un protocole d'accord a été signé entre le ministère de l'Éducation nationale et les représentants de l'Enseignement catholique pour que la préparation aux concours soit assurée en partenariat par les IUFM et des centres de formation de l'enseignement privé.

chapitre 16

L'école primaire, comment ça marche ?

La loi d'orientation sur l'éducation du 10 juillet 1989 organise l'enseignement élémentaire. Le décret n° 90-788 du 6 septembre 1990 définit son organisation et son fonctionnement. L'enseignement élémentaire est gratuit et obligatoire pour tous les enfants, français et étrangers, à partir de 6 ans.

Dans les zones d'habitat dispersé (zones rurales ou de montagne), des regroupements pédagogiques ont été mis en place (regroupement des élèves de plusieurs communes ou répartition et regroupement des divers niveaux d'enseignement).

La structure de base de l'organisation pédagogique est le groupe classe. Cette structure connaît parfois des variantes : suivi des élèves d'un cycle par un enseignant, classes à plusieurs cours ou niveaux, décloisonnement ou échange de services entre enseignants.

En 1992, la durée hebdomadaire de la scolarité a été fixée à 26 heures, réparties généralement sur le lundi, le mardi, le jeudi, le vendredi et le samedi matin.

Les écoles maternelles et élémentaires sont aujourd'hui sous la responsabilité des inspecteurs de l'Éducation nationale qui gèrent désormais des circonscriptions mixtes, incluant les écoles maternelles et élémentaires ;

La loi divise la scolarité des élèves (maternelle et élémentaire) en trois cycles :

– le cycle des apprentissages : les sections de l'école maternelle,

– le cycle des apprentissages fondamentaux : de la grande section maternelle au CE1.

– Le cycle des approfondissements : du CE2 au CM2

Attention, en fin de cycle, le redoublement peut être demandé.

Le conseil de cycle peut en effet demander un redoublement mais la scolarité totale en élémentaire (à partir du CP), qui est de cinq ans, ne peut être inférieure à quatre ans ni supérieure à six ans. Toute décision de redoublement peut faire l'objet d'un recours dans un délai de 15 jours auprès de l'inspecteur d'académie dont la décision *in fine* est sans appel.

Sorties scolaires

La circulaire du 23 septembre 1999 définit le cadre et les conditions des sorties scolaires dans les écoles maternelles et élémentaires.

Les sorties scolaires relèvent de trois catégories :

1re catégorie : les sorties scolaires régulières, correspondant aux enseignements réguliers, inscrits à l'emploi du temps et nécessitant un déplacement hors de l'école (exemple : activités sportives dans un gymnase, piscine, etc.).

Ces sorties sont autorisées par le directeur d'école.

2e catégorie : les sorties scolaires occasionnelles sans nuitée, correspondant à des formes d'enseignements diversifiées, même organisées sur plusieurs journées consécutives sans hébergement.

Ces sorties sont autorisées par le directeur d'école.

3e catégorie : les sorties scolaires avec nuitée(s). Ces sorties sont autorisées par l'inspecteur d'Académie, le directeur des services départementaux de l'Éducation nationale.

Ces sorties incluent les voyages collectifs d'élèves, les classes de découverte, les classes d'environnement, les classes culturelles, comprenant au minimum une nuitée. Les sorties organisées pendant les horaires habituels de la classe et ne comprenant pas la pause du déjeuner sont obligatoires pour les élèves. Les autres sont facultatives.

Objectifs de l'école maternelle

À l'école maternelle, les enfants ont une liberté de mouvement dans leur classe. La journée est découpée entre :

– les activités ludiques et motrices,

– l'initiation à la lecture, la numération, la mesure, le graphisme, les textes écrits à travers la récitation, les comptines, la poésie, l'élaboration collective des consignes, des comptes rendus, des récits.

L'un des objectifs de la maternelle est également la détection précoce des difficultés et de handicaps, notamment en ce qui concerne les troubles du langage.

La grande section, dernière classe de la maternelle, est davantage centrée sur les apprentissages et la vérification des acquis, tout en gardant les modalités de travail de l'école maternelle. Cette dernière année est plus « scolaire ». Les activités privilégiées tiennent compte des objectifs du cycle des apprentissages fondamentaux, c'est-à-dire qu'elles préparent à l'entrée en première année d'école élémentaire (CP).

Programme

Le cycle des apprentissages fondamentaux, de la dernière année de maternelle au CE1, vise :
– la maîtrise de la langue orale,
– la maîtrise de la lecture et l'accès au sens des textes,
– la production d'écrits,
– la connaissance des nombres, du système décimal, des différentes opérations (addition, soustraction, multiplication),
– la connaissance des notions de temps et d'histoire,
– la connaissance des matières, des objets, du monde du vivant,
– l'éducation civique,
– l'éducation musicale,
– l'éducation sportive,
– les arts plastiques.

Le cycle des approfondissements

Comme son nom l'indique, il s'agit d'approfondir les enseignements fondamentaux. L'élève doit écrire soigneusement, rapidement et lisiblement. Il doit pouvoir produire plusieurs types d'écrits :

– narration (terminer un récit, le modifier ou en créer un),

– effectuer des comptes rendus,

– écrire des lettres,

– élaborer un journal, etc.

Il doit pouvoir mémoriser des poèmes ou des scènes de théâtre. Par ailleurs, il doit acquérir des connaissances de base de vocabulaire, de grammaire et d'orthographe.

En mathématiques, il apprend les nombres décimaux, les fractions, les opérations, les fonctions numériques et en géométrie, les figures. En sciences et technologie, les programmes portent sur le monde vivant (végétal ou animal, reproduction, approche écologique, évolution).

Le corps humain est abordé du point de vue de l'éducation à la santé : mouvements corporels dans le sport et le travail, fonctions de nutrition, conséquences de l'hygiène de vie (actions positives ou négatives des comportements), enfin, principes simples du secourisme.

Les programmes comportent également les thématiques suivantes :

– « **Le ciel et la terre** » :

• mouvement du soleil, utilisation d'une boussole, système solaire, lumière et ombre, mesure du temps, séismes et éruptions volcaniques.

– **La matière et l'énergie** :

• l'eau, ébullition, évaporation, congélation,

• la qualité de l'air et de l'eau,

• l'énergie,

• la technologie,

• la réalisation de montages électriques et mécaniques.

– **L'informatique** :

• traitement de texte, tableurs, logiciels spécifiques, mémorisation, traitement de l'information, communication.

L'histoire et la géographie

L'enseignement de l'histoire de France est replacé dans le cadre européen. Il comporte :
– les temps historiques,
– la Gaule et la romanisation,
– la christianisation,
– les grandes invasions,
– le Moyen Âge,
– les Temps modernes et la Révolution française,
– le 20ᵉ siècle,
En géographie :
– le globe terrestre,
– l'Europe,
– la France.

Les autres disciplines sont l'éducation civique, l'éducation sportive et l'éducation artistique (musique, arts plastiques).

Bien que la culture de l'écrit joue un rôle essentiel tout au long des classes de l'élémentaire, environ 15 % des enfants ne savent pas vraiment déchiffrer et ne comprennent pas ce qu'ils lisent à l'entrée en 6ᵉ.

Les nouveautés : l'accent mis sur les langues étrangères ou régionales

Dorénavant l'apprentissage d'une langue régionale ou étrangère doit démarrer dès le début des apprentissages fondamentaux, c'est-à-dire la dernière année de maternelle.

Cet apprentissage a trois objectifs :
– développer chez l'élève des compétences d'écoute, de mémorisation, de confiance en soi et dans l'utilisation d'une autre langue,
– familiariser l'oreille à des sons nouveaux,
– faire acquérir les premières connaissances dans la langue étudiée.

Cependant, il faut savoir que la mise en œuvre de cette initiation « obligatoire » se heurte à un manque d'effectifs constant. Le plus souvent, c'est l'instituteur qui prend en charge cette initiation, faute de candidats. Or, l'instituteur n'est pas censé connaître correctement une langue étrangère et il est fréquent que son accent soit pour le moins douteux, parfois même désastreux (forcément, il a appris une langue étrangère à l'école !).

Ces mauvaises conditions expliquent peut-être le fait qu'à l'entrée en 6ᵉ, on ne note pas de différences significatives en termes de niveaux et de facilités d'apprentissage entre des élèves ayant été initiés à une langue étrangère en primaire et les autres !

En France, l'échec de l'école en matière d'enseignement des langues étrangères est notoire. Ce programme d'initiation précoce est donc non seulement ambitieux mais prometteur.

À condition bien sûr de ne pas se contenter de bonnes intentions et de former très vite des enseignants spécialisés non seulement dans la langue mais dans la pédagogie pour de jeunes enfants. Problème : quel statut offrir à ces enseignants ? Pour le moment, le silence des textes est assourdissant. L'enseignement est bien prévu mais pas les enseignants. Aucune structuration pour cet enseignement ne semble envisagée.

En attendant, les établissements font preuve d'un bricolage inventif. Lorsqu'ils ont la chance de trouver un vrai professeur de langue, ils ne le lâchent pas. Ce n'est pas la langue que vous aviez choisie ou bien, la deuxième année, les élèves d'une classe sont passés de l'anglais à l'espagnol ? Pas de quoi se plaindre ! Au moins ces heures de langues existent.

Sachez, parents, que chacun fait avec ce qu'il a. Et dans l'Éducation nationale, il y a parfois des idées farfelues mais parfois aussi d'excellentes idées (qui mettent d'ailleurs très longtemps à mûrir). Une fois que l'idée a mûri, elle est annoncée, elle devient même obligatoire. Donc, il y a une intention très forte. Mais il est fréquent que l'Éducation nationale, sur telle ou telle orientation, reste assez silencieuse, non sur les moyens financiers mais sur le type d'emplois qui seront financés.

Des heures ne sont pas des emplois, ce sont des sortes de vacations. De vrais emplois, pour l'Éducation nationale, c'est se mettre la corde au cou.

À noter

En 2002, les ministères de la Fonction publique et de l'Éducation nationale ont recensé 70 948 emplois précaires au sein de leurs services.

Selon la loi Sapin sur la résorption de la précarité, ces personnels devraient être intégrés à la Fonction publique dans un délai de 5 ans. Parmi eux, on compte 38 471 enseignants (soit 10 % de l'effectif du second degré) et environ 12 % des personnels de service.

L'évaluation

Depuis 1989, il existe deux moments d'évaluation des niveaux des classes : l'entrée en CE2 (cycle des approfondissements) et l'entrée en 6e. L'évaluation porte sur les acquis en lecture, en écriture et en mathématiques. Elle a deux objectifs : nourrir une connaissance nationale et territoriale de l'efficacité de l'enseignement et permettre aux instituteurs de connaître le niveau de leur classe, les acquis et les éléments sur lesquels il est nécessaire de revenir.

Parallèlement, des outils d'évaluation ont été mis au point et sont réélaborés, chaque année, par le ministère.

La pratique de l'évaluation étant de plus en plus répandue chez les maîtres, il a été décidé d'alterner les évaluations nationales. Depuis la rentrée 1996, l'évaluation nationale concerne une année sur deux l'entrée en CE2 et, l'année suivante, l'entrée en 6e.

Conseil

Si les résultats de l'évaluation de votre enfant vous semblent faibles, ne vous alarmez pas. Ces évaluations ont pour défaut principal d'intervenir, non pas en fin d'année scolaire mais au retour de vacances et certains enfants ont du mal à « raccrocher » tout de suite. Par ailleurs, l'objectif des évaluations est d'obtenir une vision globale de la classe. Enfin, on a pu s'apercevoir certaines années que des questions étaient parfois mal formulées. En ce cas, on obtient un taux d'échec si massif qu'il n'est plus significatif. Alors, soyez attentifs aux résultats mais n'oubliez pas de les replacer dans le contexte de la rentrée et des variables : valeur de l'évaluation elle-même et de ses outils, fatigue éventuelle des enfants, retour de vacances.

chapitre 17

Choisir son école

La « bonne école » : mythe et réalité

Largement alimenté par la presse magazine, le mythe de la super école est entré dans les crânes de nombreux parents d'élèves. À force de voir des articles sur les meilleurs collèges, lycées, prépas (classes préparatoires), etc., chacun en vient à se demander si son enfant est ou n'est pas dans une école vraiment bonne. C'est un sujet qui mérite de réfléchir dans plusieurs directions.

À quel âge ?

Dans les magazines, on aborde le plus souvent un classement pour les établissements dont on peut mesurer les performances globales. Par exemple, la réussite au bac. Or, s'il existe une école où tout se joue – tous les pédagogues en sont d'accord –, c'est dans les petites classes. C'est là, en tout cas, que peuvent s'inscrire les signes d'un futur échec scolaire. Car un déficit de formation de l'enfant à cet âge est très difficilement rattrapable ensuite.

Meilleures écoles de France : que mesure-t-on vraiment ?

Depuis longtemps, des établissements privés se font une gloire d'emmener un pourcentage considérable d'élèves au bac. Comment font-ils ? Rien n'est plus simple : ils font un bon recrutement. Ils se conduisent, toutes proportions gardées, comme une équipe de première division en sport. Ils font venir dans leurs « lycées-clubs » les meilleurs éléments possible en début de saison. Bien sûr, pour les clubs de sport, il reste encore à remporter la coupe, ce qui n'est jamais gagné d'avance. Mais l'objectif est tout de même plus abordable quand il s'agit de réussir le bac. Comme les clubs de première division, les lycées qui se font une gloire d'être en tête de classement mettent sur la touche en fin de saison ceux qui ne suivent pas le rythme. Autrement dit, les soi-disant bonnes écoles ont comme qualité première de ne prendre aucun risque. On peut penser que presque n'importe quel corps enseignant qui se retrouverait avec ces mêmes élèves obtiendrait les mêmes résultats. Les écoles ayant une bonne réputation ne vous assurent en rien que l'enseignement y sera meilleur. Par contre la sélection qu'elles opèrent garantit le niveau général des élèves.

Est-ce un avantage pour votre enfant ?

Si son niveau est faible, il est inutile de vous poser la question : votre enfant n'y sera pas accepté !

S'il s'agit d'un élève dans la bonne moyenne, reste à savoir si y entrer sera ou non bénéfique pour votre enfant. Une fois que l'on sait comment se forme la réputation des meilleures écoles de France, vous avez compris que la concurrence y sera rude. Tout dépend de la nature profonde de votre chérie(e).

• C'est un compétiteur né. Il veut toujours être le plus fort au baby foot, à la Game-Boy. Il n'a pas, jusque-là, fait preuve de la même compétitivité en maths ou en français, il s'y balade, c'est tout. Un nouvel environnement pourrait le motiver : il peut passer au-dessus de son statut actuel de bon élève. Mais il faut aussi qu'il soit prêt à se transformer en travailleur car, dans ce genre d'établissement, il y a plus de travail à la maison qu'ailleurs et personne ne proteste. Les élèves qui sont là et leurs familles visent la réussite sociale : ils sont prêts à en payer le prix.

• C'est juste un élève qui a des facilités. Il réussit sans problème et pourrait, à votre avis, en faire plus. Est-ce également le sien ? Lui (elle) aime bien traîner avec copains et copines, regarder la télé jusqu'à pas d'heures. Les devoirs sont faits au dernier moment parce qu'il faut bien s'en débarrrasser. Comme disait ma grand-mère, « Mieux vaut être la première en province que seconde à Paris ». Votre enfant vivait heureux dans son établissement. Il avait confiance en lui puisqu'il se situait bien par rapport au reste de la classe. Dans une « boîte à bac », il va vite comprendre qu'il est au plus bas du niveau exigé. Il découvira brutalement une autre réalité, une autre façon de voir l'école et même de vivre ses dernières années d'enfance. Il peut réagir favorablement et se lancer comme un missionnaire dans ses études. Il peut aussi – et c'est fréquent

– déprimer complètement et en sortir avec le sentiment d'être dévalorisé.

Conseil

La réussite dans la vie peut prendre des tours bien différents. Même si vous visez l'excellence pour votre progéniture, nombre de capitaines d'industries, d'artistes n'ont pas eu un parcours scolaire émérite. S'il est déjà bon élève et heureux ainsi, n'est-ce pas suffisant ? Quelle réussite visez-vous ? La sienne ou la vôtre à travers lui ? Vous vous devez donc d'expliquer clairement les enjeux à votre enfant. Qu'il se renseigne auprès de ceux (copains, copain de copain) qui ont emprunté cette voie. Et laissez-le faire son choix en connaissance de cause.

La vraie bonne école

La bonne école n'existe pas en soi. La bonne école c'est celle qui est adaptée à votre enfant. Pour les élèves qui ne sont pas en difficulté scolaire, la bonne école ce sera souvent celle où ils sont. Car en changer ne transformerait pas sa scolarité tout en lui faisant perdre ses repères. Par contre dès qu'un enfant souffre de sa scolarité actuelle, il peut être intéressant de changer d'établissement.

Éviter la mauvaise école ?

Le vrai problème, ce n'est pas tant de choisir la bonne école que d'éviter la mauvaise. Même si cela ne fait pas plaisir, force est de constater que dans certains établissements situés dans des zones défavorisées, il ne fait pas bon vivre. Au nom de la mixité scolaire, on peut certes encourager le fait que des élèves de tous milieux se côtoient (voir chapitre ZEP). C'est la meilleure garantie d'une ambiance de travail acceptable. Ce n'est malheureusement pas toujours le cas. Il arrive à des familles de la classe moyenne de s'installer dans des banlieues ou des quartiers qui n'ont pas très bonne réputation et d'où les familles « normales » ont fui. Cela leur permet de disposer d'un logement plus vaste qu'ailleurs, vu le montant du loyer ou du prix à l'achat. Pour les jeunes couples, tout va bien tant que l'enfant n'est pas scolarisé, mais au fil des années une évidence s'impose : l'école d'à côté, malgré les efforts de certains enseignants et du chef d'établissement, ne fait que sauver les meubles. Trop d'enfants y entrent avec un niveau général et surtout un niveau de français insuffisant. L'enseignant n'a pas le choix : il ne peut faire cours pour les trois meilleurs de la classe. Le niveau objectif de la classe, donc des cours, sera faible, sans parler de l'ambiance souvent plus dissipée. On connaît nombre de parents qui – dans ces conditions – finissent par déménager, pensant ainsi protéger l'avenir de leurs enfants.

Avant de prendre une telle décision, il est impératif de se renseigner sur la réalité du niveau scolaire de l'école concernée. Parfois certaines ont une réputation qui dépasse de loin la réalité. Et un enfant peut très bien s'épanouir dans une classe où le niveau n'est pas très haut. Il prendra tout ce qui est nécessaire pour son évolution future. Et vous pourrez lui donner éventuellement les compléments éducatifs à la maison.

Si on prend en compte les désagréments d'un déménagement (coût, traumatisme, etc.), la solution de l'établissement privé est à envisager.

Pourquoi inscrire son enfant dans le privé ?

Aujourd'hui, il existe un vrai choix entre école publique et privée. Mettre son enfant dans le privé n'est plus l'apanage des riches ou des croyants. Les prix sont moins élevés en moyenne qu'on ne le croit généralement et les écoles de moins en moins souvent religieuses. Les enfants « hors normes », qu'ils soient trop peu scolaires ou au contraire surdoués, y trouvent une place plus facilement que dans le public.

Il faut attendre la Révolution française pour que soit posé le principe d'une responsabilité de l'État dans l'éducation. Et même alors, la création d'écoles ne fait pas partie des priorités de la jeune République.

En décembre 1793, cependant, le décret Bouquier fonde l'organisation de l'instruction publique. Les enfants sont admis à l'école à partir de six ans et doivent y être envoyés avant l'âge de huit ans. Ils ont l'obligation de la fréquenter au moins trois ans consécutifs.

Au début était le privé...

Pendant des siècles en France, la question du choix entre école privée ou publique ne se pose pas. L'école publique n'existe pas, pas plus que l'instruction obligatoire. C'est l'Église qui se charge de l'instruction des jeunes enfants. Les prémisses d'une école élémentaire gratuite pour les pauvres ont d'ailleurs eu lieu à l'instigation d'un prêtre à Lyon en 1654. Quelques années plus tard, Jean-Baptiste de La Salle consacre sa vie à la mise en œuvre de la scolarisation gratuite des plus démunis. Mais on est encore loin d'un projet commun d'instruction pour tous, dont, bien évidemment, les filles sont exclues. Mona Ozouf dans son livre *L'École, l'Église et la République* retrace 70 ans de querelles, parfois violentes, entre partisans de l'Église et de l'État sur la question scolaire. Il faut se souvenir qu'entre 1871 et 1914 – beaucoup en ont entendu parler quand ils étaient jeunes –, dans les consultations électorales, la question de l'école est le clivage politique majeur. Il y a les partisans de l'école publique, laïque et démocratique et les partisans de l'école libre (c'est-à-dire catholique) considérés comme des conservateurs. On se désiste entre laïcs, quelles que soient ses opinions politiques, si l'adversaire est un « catho ».

Les deux écoles

Le principe de la laïcité a eu du mal à s'installer en France. La loi Guizot du 28 juin 1833 qui porte sur l'organisation de l'instruction primaire fait obligation aux communes (éventuellement en se regroupant avec d'autres) d'entretenir au moins une école primaire élémentaire. Elle précise aussi que l'instruction religieuse fait nécessairement partie des matières enseignées. La première distinction entre le public et le privé date de la loi Falloux du 15 mars 1850. Elle reconnaît deux espèces d'écoles primaires ou secondaires :

– Les écoles entretenues par les communes, les départements ou l'État et qui prennent le nom d'écoles publiques.

– Les écoles fondées ou entretenues par des particuliers ou des associations et qui prennent le nom d'écoles libres.

Il faudra attendre Jules Ferry et ses lois sur l'enseignement primaire obligatoire et laïc pour que l'éducation sorte enfin d'une sorte de monopole confessionnel. Le 16 juin 1881, c'est la proclamation de la gratuité de l'école primaire publique. L'année suivante, on décrète en même temps que l'obligation de l'instruction primaire la laïcisation des programmes scolaires des écoles publiques.

La dernière guerre de religion

La dernière guerre de religion sur l'école n'est pas si ancienne : elle date de 1984. Alain Savary, alors ministre de l'Éducation nationale, doit abandonner son projet sur l'école privée à la suite d'une manifestation qui mettra un million de partisans de l'école libre dans la rue. Il s'agissait de « réviser » la loi Falloux, c'est-à-dire de redéfinir les rapports entre l'école privée et l'État, et, à terme, de créer un grand ensemble regroupant public et privé. Les grandes manifestations des partisans du statu quo de l'école privée entraîneront le retrait du projet et le départ du ministre. Il s'agit du dernier grand débat entre école publique et privée. Et cette querelle scolaire semble définitivement enterrée avec l'abandon de la réforme.

Parents zappeurs

Depuis 1985, la donne a donc radicalement changé : la situation s'est détendue et le champ de la querelle scolaire s'est déplacé. Le choix d'une école publique ou privée ne ressort plus guère d'un clivage politique traditionnel. La séparation de l'Église et de l'État (1905) et la déchristianisation accélérée de la société depuis une trentaine d'années ont fait leur œuvre. Aujourd'hui, dans le choix d'une école, on parle plus de pédagogie que d'idéologie.

D'un côté, les grandes manifs en faveur de l'école privée semblent avoir décomplexé les partisans de l'école privée. Et de l'autre côté, les parents *a priori* partisans du public ne sont plus si réticents à aller voir ce que l'enseignement privé peut apporter à leurs enfants. On assiste à une sorte de zapping : les parents n'hésitent plus à se comporter vis-à-vis de l'école en consommateurs. Ils vont chercher celle qui leur donnera le meilleur rapport « qualité-prix ». Et il n'est pas rare de voir une famille qui a mis un enfant dans le privé mettre l'autre dans le public, ou le contraire. Car, aussi bien en maternelle qu'en primaire ou au collège, les choix se font surtout en fonction de la proximité, de l'accueil et du suivi des enfants.

En une trentaine d'années, le nombre et surtout le genre d'écoles privées ont beaucoup augmenté offrant un large choix aux parents de toutes obédiences. Aujourd'hui, on compte 13 % d'enfants scolarisés dans le privé. Le Fabert est l'annuaire de l'École privée en France. Il compte 3 volumes et recense plus de 10 000 écoles privées, de la maternelle au supérieur.

Écoles confessionnelles mais pas religieuses

Qu'est-ce qui conduit les parents à choisir une école privée plutôt que le système public pour leur enfant ? Si l'on souhaite transmettre une éducation religieuse à ses enfants, la réponse va de soi. On va choisir un établissement confessionnel qui correspond à ses croyances : école catholique, protestante, juive...

Les nombreuses écoles privées qui existent en France sont encore très majoritairement d'obédience catholique. C'est l'héritage de notre passé. Il y a trois régions en France où l'enseignement catholique privé sous contrat est très implanté : l'Ouest (Pays de Loire, Bretagne) où 40 % des effectifs sont scolarisés dans le privé, la région lilloise et la région lyonnaise. Pourtant, les choses ont bien changé : mai 68 est passé par là. Même les écoles privées religieuses ont laissé s'ouvrir leurs portes à une certaine modernité. À de rares exceptions près, plus besoin d'être pratiquant, ni même d'être issu de la même obédience pour entrer dans une école confessionnelle. Certaines écoles au nom explicitement religieux (collège de Saint X, Notre-Dame de Z, etc.) revendiquent une direction laïque. Les heures consacrées à la pratique et à l'enseignement de la religion ne sont plus que très rarement obligatoires.

Une question d'opportunité

L'une des premières raisons pour lesquelles on peut faire entrer son enfant dans une école privée, c'est... le hasard ou la proximité. On inscrit son enfant dans telle école car elle est toute proche de la crèche où il allait. Comme quelques-uns de ses copains vont y aller, pourquoi ne pas tenter l'expérience ? D'autant que ces écoles se distinguent bien souvent par une qualité d'accueil que l'on n'est pas toujours sûr de trouver dans la maternelle du quartier. Avec le nombre de femmes qui travaillent aujourd'hui, une simple question de trajet, qui permet de gagner 20 minutes, peut suffire à emporter la décision.

Si votre enfant est de la fin de l'année ou du début, il peut s'avérer difficile, voire impossible de le faire rentrer alors qu'il n'a pas encore ses trois ans révolus ! On peut donc vous le refuser (le plus souvent sous couvert d'un manque de places, plutôt vrai dans les grandes villes). Si vous n'avez ni le temps ni l'énergie d'aller faire le siège de la mairie ou de l'établissement concerné, le privé va vous accueillir. Les établissements privés seront plus souvent prêts à vous entendre et à accepter votre bout de chou même s'il ne doit souffler ses trois bougies qu'au mois de janvier ou février. Et s'il se sent bien là, il va y rester.

Une qualité d'accueil

Bien des parents connaissent un « traumatisme » quand ils doivent mettre leurs enfants à l'épreuve de la collectivité et de ses règles contraignantes. Ce traumatisme est parfois mieux surmonté, car mieux pris en compte et mieux accompagné, dans une école où le personnel est à leur écoute. De plus, les effectifs souvent inférieurs à ceux du public favorisent une ambiance nettement moins stressante pour les enfants et leurs éducateurs. On s'aperçoit que les enfants scolarisés depuis leur plus jeune âge en privé ont tendance à vouloir y rester et ne manifestent aucune envie de se confronter à l'univers de l'école publique.

Un meilleur encadrement

Passé les classes maternelles et primaires, l'enseignement privé offre aussi un autre « confort », passablement utile en secondaire : les enfants sont encadrés et suivis là où, au collège, ils font l'apprentissage de la liberté. C'est très bien si l'enfant est suffisamment mûr et responsable, mais c'est parfois, aussi, catastrophique. Les professeurs absents sont plus systématiquement remplacés. Entre emploi du temps idéal pour les profs ou idéal pour les enfants, c'est souvent ces derniers qui sont favorisés dans le privé. Les enfants bénéficient d'emplois du temps avec moins de trous dans la journée. Ils bénéficient aussi d'un suivi pédagogique plus personnalisé et d'heures d'études après les cours.

Le dialogue

Les parents « consommateurs » d'écoles privées mettent en avant la facilité du dialogue avec les professeurs et les équipes pédagogiques. À l'école publique, la rencontre avec les enseignants se fait trop souvent en quelques réunions qui ressemblent à un parcours du combattant. Essayez un peu, en collège, de voir plus de trois ou quatre professeurs lors des réunions de fin de trimestre ! Impossible, quand quatorze à quinze classes d'au moins 25 élèves sont « traitées » dans un laps de temps de trois heures !

Le système public semble loin des attentes des familles. On n'a pas su ou pas pu développer un vrai dialogue avec les parents et les enfants. Malgré les protestations des uns et des autres, ce dialogue n'est pas, dans les faits, au cœur des préoccupations de l'école publique. Il est certain qu'à l'inverse, l'école privée traite les parents comme des clients, ce qui est logique. Elle les traite aussi comme des partenaires.

Cette souplesse de l'école privée permet aux enfants inadaptés au système scolaire public de trouver un refuge ailleurs.

Quelle école privée, et pour qui ?

La règle du plus petit dénominateur commun ne marche pas pour tous les enfants. Trop lent, trop rêveur, trop dispersé, pas assez organisé, surdoué, et autres « hors normes scolaires » : que faire de son enfant quand il n'est pas dans le moule ? La règle est

d'enfourner sans broncher les programmes (très chargés), les horaires (parfois décousus) et de gérer une trop grande liberté (à partir
du collège). Cela ne convient pas à tout le monde.

Marc est un enfant dans la bonne moyenne. Son passage au
collège s'est fait sans histoires. Il est même entré dans une sixième
européenne, allemand première langue, a choisi de faire du latin
en cinquième, et puis...

Et puis, l'adolescence « aidant », son parcours scolaire a commencé à se dégrader. Trop de liberté dans la journée, pas une envie
folle de se plonger tout seul dans son boulot à la maison alors que
dehors, il fait si beau !

Et la dégringolade peut aller très vite. D'autant que la classe de
quatrième exige des enfants de nouveaux apprentissages, de nouveaux rythmes. Et la classe de troisième, marche d'entrée au lycée,
est un encore un peu plus haute. Trop haute manifestement pour
Marc qui décroche : la solution est peut-être dans le privé et notamment dans l'internat.

Vive l'internat

À partir des années 70, les écoles publiques ont commencé à
délaisser massivement l'internat. Combien d'internats publics en
région parisienne ? Moins d'une dizaine ! Cet hébergement pour les
enfants se fait donc par les établissements privés, dix fois plus
nombreux. Besoin de s'éloigner momentanément de sa famille,
nécessité de se concentrer sur le travail sans avoir à résister aux
tentations de l'extérieur : l'internat n'est plus vécu comme une
sanction mais comme un refuge, voire un dernier recours. Et ce
service n'est plus assuré par l'Éducation nationale. Le ministre
Jack Lang a promis au cours de l'année 2002 de s'attaquer au
problème. Cela sera-t-il suivi d'effet ? En attendant, l'internat, donc
le privé, reste une solution pour les enfants qui décrochent, surtout

dans le secondaire. Dans les petites classes, le choc affectif reste souvent un frein évident.

Religion dans le public

L'enseignement public, tel que nous le connaissons aujourd'hui, est devenu, au terme d'un long combat, résolument laïque, et cette laïcité continue à être vigoureusement affirmée, comme en témoignent les récentes « affaires » de foulard islamique. En fait, ce que l'école condamne dans ces cas-là, c'est le côté ostentatoire, qui pourrait ressembler à du prosélytisme, mais elle ne dénie pas le fait religieux. D'ailleurs, la loi laisse la porte ouverte à un enseignement religieux dans l'enceinte des établissements. En tant que parents, vous pouvez faire la demande d'un enseignement religieux si cela n'existe pas. Il faut s'adresser par écrit au chef d'établissement. Si l'établissement a un internat, on doit accéder à votre demande, sinon il faut s'adresser au recteur de l'académie.

La vie de prof dans le privé

L.M. R, 49 ans, professeur certifié enseignant en BTS dans un lycée privé, 25 ans d'ancienneté.

Quand on est enseignant dans une école sous contrat avec l'Éducation nationale, les diplômes requis sont les mêmes et les salaires sont ceux pratiqués dans le public. La seule différence visible concerne les retraites : environ 50 % de son traitement contre 75 % dans le public.

– Comment êtes-vous devenu enseignant et pourquoi avoir choisi le privé ?

Je suis devenu professeur par hasard, j'avais les diplômes nécessaires, mais je ne me destinais pas à l'enseignement. Et puis j'ai rencontré un de mes anciens professeurs qui m'a dit que l'on recherchait des professeurs hommes pour masculiniser un peu l'enseignement privé dans ma région. Je me suis dit que j'allais faire un essai. J'avais 23/24 ans. J'ai trouvé qu'il y avait tellement d'avantages que je suis resté.

– Quels sont les avantages du privé pour un enseignant ?

L'un des avantages du privé sur le public, c'est qu'un professeur est assuré de rester dans son département ou à tout le moins dans son académie. Alors que dans l'Éducation nationale, on est contraint de se soumettre aux mouvements nationaux. Et un jeune professeur a toutes les chances de se retrouver à l'exact opposé de sa région d'origine durant les premières années de sa carrière.

– De qui dépendez-vous ?

Quand on est dans une école d'obédience catholique, on a trois employeurs : la direction diocésaine, le président de l'OGEC (Organisme de gestion des écoles catholiques) et l'Éducation nationale. Les établissements de ce type sont des entreprises privées. Si nous désirons faire de la formation continue, cela passe, comme dans toute entreprise, par le comité d'entreprise qui établit un plan de formation tous les ans. Cette formation est prise sur le temps de travail.

– On entend dire souvent qu'un des avantages du privé pour les élèves concerne le remplacement des absences : il serait beaucoup plus rapide et quasi systématique. Est-ce vrai ?

La règle est la même que dans le public. Les absences de moins de cinq jours ne sont pas remplacées. Il y a aussi des particularités selon la discipline que vous enseignez. Quand c'est une spécialité qui compte peu d'enseignants, c'est évidemment beaucoup plus compliqué. Ce qui est vrai c'est que dans mon lycée, on se débrouille souvent en interne avec les collègues. On accepte volontiers de faire un remplacement gratuitement deux ou trois heures dans la semaine.

– À votre avis que faudrait-il faire pour améliorer la qualité de l'enseignement ?

Il n'y a à l'heure actuelle aucune formation pédagogique. Il faudrait que l'on puisse faire préalablement des stages dans des écoles.

Et la solution serait peut-être que les professeurs soient aussi notés par les élèves. Vous savez, on s'aperçoit que les profs vivent en vase clos, ils ne se mélangent pas, ils sont vraiment déconnectés de la vie de la société.

– Avez-vous le même régime d'inspection et de notation que dans le public ?

Oui. Nous sommes inspectés tous les cinq, six, sept ans. Et notre notation est identique, avec les notes pédagogiques et les notes administratives données par le chef d'établissement. Mais il est vraiment dommage que l'inspecteur ne vienne que pour une heure de cours. Nous sommes prévenus, donc le cours est préparé, il y a un côté très théâtral. Il faudrait que l'inspecteur puisse rester une semaine complète dans l'établissement. Il pourrait alors voir la préparation de nos cours, l'investissement pédagogique, le travail en équipe... En Belgique, c'est ainsi que ça se passe... et l'inspecteur peut exclure un enseignant ! Chez nous, en début de carrière, si vous avez deux inspections défavorables, vous pouvez avoir une mutation sanction. C'est à peu près tout.

– Et si les parents protestent contre un enseignant, que se passe-t-il ?

C'est à peu près la même chose que dans le public. Sauf que le directeur ou le proviseur va plus facilement rencontrer l'enseignant, faire le point avec lui et essayer de l'aider à s'améliorer.

– Quel est, selon vous, le « plus » que peut apporter l'enseignement privé à un élève ?

Les enfants peuvent rester dans l'établissement s'ils le souhaitent après les cours. Ils sont chez eux. Par exemple, si l'enfant a son car à 18 heures mais qu'il a fini ses cours trois heures avant. De plus les élèves ne sont pas regroupés dans une salle de permanence, ils restent dans leur classe. Il peut donc y avoir un, trois ou quatre élèves dans une salle, que nous allons voir de temps en temps. Mais le plus important, c'est que nous travaillons plus en équipe. Il n'y a pas de « pions » dans notre établissement mais des animateurs ayant des diplômes d'éducateurs. Il s'agit donc de personnel ayant choisi ce métier et non d'intérimaires. Il y a de la part de tous une grande implication pédagogique.

Qu'est-ce qu'un contrat ?

Il y a environ 10 000 établissements privés dans toute la France, la plupart sous contrat.

Pour obtenir des subventions de l'État, une école privée doit passer un contrat avec l'Éducation nationale. Elles sont à 80 % dans ce cas.

Le contrat d'association qui lie les écoles privées avec l'Éducation nationale leur impose le même régime, les mêmes obligations. La différence se fait au niveau des locaux qui sont des bâtiments privés et de la gestion des cantines qui appartient à l'Ogec (pour les écoles catholiques). La gestion de ces œuvres est faite par des bénévoles, car il est rare que les écoles soient assez importantes pour pouvoir salarier une personne à plein temps. Ce système fait que les parents sont forcément des acteurs importants, indispensables même, pour la marche des écoles privées. Les parents interviennent dans les décisions qui concernent l'équipement, l'entretien des bâtiments et gèrent le quotidien. Bien sûr, le dynamisme et l'efficacité des structures parascolaires dépendent des personnes qui s'y impliquent et du directeur de l'établissement qui sait, ou non, fédérer les énergies.

Plus cher le privé ?

D'instinct, la plupart des parents vous diront que le privé, ça coûte cher. Avec les établissements sous contrat, cela reste vrai, plus particulièrement pour la cantine qui ne pratique pas de tarifs dégressifs selon le quotient familial comme dans le public. Mais ce n'est pas inabordable, loin s'en faut.

De plus, pour nombres d'élèves dans le public, le recours aux cours particuliers devient de plus en plus fréquent et pas seulement s'ils sont issus de familles bourgeoises. L'enfant a une petite faiblesse en maths ? Son professeur ne daigne dialoguer qu'avec les meilleurs et le carré de l'hypoténuse n'est plus pour vous qu'un brumeux souvenir ? Une seule solution : le cours particulier. Quelquefois, heureusement, deux mois suffisent pour que l'enfant reprenne pied. Mais si ce n'est pas le cas et que le soutien est nécessaire tout au long de l'année, cela met tout de suite l'enseignement public à un tarif nettement moins compétitif. Il faut en effet compter de 20 à 25 euros pour une heure de cours. Quand elle est hebdomadaire... Sachez toutefois qu'une réduction d'impôt de 50 % du montant des cours est généreusement accordée par l'administration fiscale.

Prix du privé (à l'année)

En primaire :
En externat : 100 à 130 euros.
En demi-pension : comptez environ 7 euros par repas.

Au collège :
En externat : 1 000 euros.
En demi-pension : comptez environ 7 euros par repas.

Au lycée :
Voici, à titre d'exemple, les tarifs d'un élève d'un lycée privé à Cholet (coût par trimestre).
En externat : 184,46 euros (externat surveillé + contribution + fournitures + cotisations diverses).
En demi-pension : 4 repas par semaine, 383 euros ; 5 repas par semaine, 431 euros.
Cela comprend les mêmes prestations que pour l'externat, la demi-pension en plus.
En pension : chambre à 1 lit, 794 euros ; chambre à 2 lits, 760 euros.
Ce montant comprend les repas, la chambre et les prestations de l'externat.

Des écoles privées pour tous les goûts

Les surdoués

Les enfants « surdoués » ou « intellectuellement précoces » (possédant un Quotient intellectuel au-dessus de 130) représentent environ 2 % de la population scolaire, soit 200 000 élèves. Pas de quoi en faire un cas... d'école ? Et pourtant... la moitié de ces enfants redoublent au moins une fois au cours de leur scolarité. De plus, souvent inadaptés au système scolaire, bon nombre d'entre eux présentent de grosses tendances dépressives à l'adolescence, pouvant entraîner de véritables catastrophes. Alors, que faire pour eux ? La question est d'autant plus délicate que se mêle à cette appréciation de la précocité intellectuelle une nauséabonde querelle idéologique. Parfois, en réaction à certains débordements, nombre d'enseignants préfèrent nier le problème (et la souffrance) de ces enfants. Ce n'est que récemment que cette question commence à être sérieusement envisagée au sein de l'Éducation nationale. Des directives ont vu le jour pour essayer de favoriser une prise en charge de ces enfants.

Recommandation européenne 1248 de 1994, relative à l'éducation des enfants surdoués :

« L'Assemblée (européenne) réaffirme que l'éducation est un droit fondamental de l'être humain et qu'elle devrait, dans la mesure du possible, être appropriée à chaque individu (...) La recherche sur les « mécanismes du succès » pourrait aider à combattre l'échec scolaire (...) les dispositions en faveur des enfants doués dans une matière donnée doivent, de préférence, être mises en place au sein du système scolaire normal, à partir du niveau préscolaire. (...) »

En attendant, si votre enfant fait partie de cette catégorie, et s'il présente des difficultés d'adaptation à l'école, vous trouverez quelques adresses utiles dans l'index, en fin de livre.

Les écoles Diwan

Début mai 2002, l'un des derniers actes du ministre, Jack Lang, aura été de signer le décret permettant aux écoles Diwan d'intégrer le giron de l'Éducation nationale. Désormais ces écoles vont rejoindre le public.

Auparavant ces écoles qui dispensent un enseignement bilingue en breton (immersion totale en breton pour les petits en maternelle jusqu'au CP inclus) n'existaient que grâce à un véritable militantisme. En 2001-2002, on comptait 2 613 élèves répartis dans 3 collèges, 1 collège annexe, 32 écoles primaires et maternelles, ainsi qu'un lycée. Le premier bachelier en breton a décroché son diplôme en 1997.

Les écoles Montessori

Maria Montessori a fondé sa première école en 1906 en Italie. Le principe de base en est le respect du rythme de l'enfant. Chacun bénéficie d'une personnalisation basée sur l'observation de son développement. Le développement sensoriel est privilégié ainsi que l'apprentissage individuel. Les écoles Montessori comportent des classes allant de la maternelle au secondaire. Toutefois cette méthode semble privilégiée pour les plus jeunes (maternelles et primaires).

On compte 35 écoles Montessori en région parisienne. Ce sont des écoles privées associatives. En demi-pension, le prix est de 300 à 400 euros par mois. Certaines écoles Montessori sont sous contrat.

Pour être sous contrat simple, il faut avoir fonctionné pendant 5 ans.

Pour être sous contrat d'association, il faut avoir dix ans d'existence, que les enfants soient encadrés par des instituteurs. Sinon, ces écoles fonctionnent souvent avec des éducateurs.
Association Montessori de France, La Bouvetière, 61210 Sainte-Honorine-la-Guillaume. Tél : 02 33 64 16 84.

Les écoles Steiner-Waldorf

La philosophie de ces écoles est basée sur la conviction que la transmission des savoirs abstraits ne suffit pas. Elle préconise une approche fondée sur l'idée de la liberté de l'homme, préférant privilégier la confiance et l'enthousiasme, plutôt que l'ambition et la compétition.

Le suivi est assuré par le même professeur (instituteur) durant tout le premier cycle. Les notes sont remplacées par un rapport annuel présentant un portrait de l'enfant et de son comportement et qui témoigne de son parcours. À partir du collège, les bulletins sont plus fréquents et un système de notation classique est introduit.

Les frais de scolarité sont variables selon les établissements (entre 1 525 et 3 050 euros par an et par enfant).

Ils sont comparables à ceux de la plupart des établissements d'enseignement privé hors contrat en France.

Tous les enseignants des écoles Steiner-Waldorf disposent d'une double formation. Ils sont titulaires des diplômes nécessaires pour enseigner dans des écoles, des collèges ou des lycées et ont, d'autre part, suivi un cursus spécifique de formation à la pédagogie Steiner-Waldorf. On recense 17 écoles Steiner, scolarisant 2 000 élèves, en France. Deux écoles en région parisienne sont sous contrat d'association avec l'Éducation nationale. Une école (Strasbourg) est sous contrat simple.

Fédération des Écoles Steiner en France : 11, rue de Vilaines, Amblainvilliers, 91370 Verrières-le-Buisson. Tél. : 01 60 13 37 71.

Fréquentation des écoles privées subventionnées par l'État

Au sein des pays européens, la France se classe en 4e position.

1/ Pays-Bas 75 %
2/ Belgique 58 %
3/ Espagne 29 %
4/ France 20 %
5/ Grande-Bretagne 7 %
6/ Allemagne 4,5 %
7/ Italie 5 %
8/ Suède 2 %.

Le privé, majoritaire à Paris ?

Miroir déformant ou préfiguration de l'école de demain ? Les statistiques parisiennes de la fréquentation des établissements privés incitent à se poser la question.

La maternelle n'est que peu concernée par cette « concurrence » privé/public ; on ne compte que sept maternelles privées pour 313 publiques.

En élémentaire, le tableau se transforme : 125 écoles privées pour 330 publiques.

Au collège, les écoles privées sont plus nombreuses sur le total des établissements : 65 collèges privés pour 110 publics et on reste dans des proportions à peu près équivalentes pour le lycée : 68 privés sous contrat contre 113 publics. Près de 35 % de candidats au bac sont logiquement issus d'établissements privés.

Documentation

Le Fabert, Éditions Fabert. Centre national de documentation de l'enseignement privé. Tél. 01 47 05 32 68.

Trois volumes : Le Fabert France-Sud, France-Nord, Paris Île-de-France.

chapitre 18

Collèges et lycées :
le temps des réformes

Comment ça marche ?

Le collège est bâti sur une organisation pédagogique répartie sur trois cycles :
– un cycle dit « d'observation et d'adaptation à l'enseignement secondaire ». C'est la 6e. Qui dit fin de cycle, dit aussi possibilité de redoublement. À la fin de la sixième, des redoublements peuvent être décidés.

Un cycle central : c'est la 5e et la 4e. En fin de 4e, un redoublement est donc possible.

– Un cycle de 3e appelé « cycle d'orientation » puisque le choix d'un redoublement, d'un passage en lycée professionnel ou d'un passage en lycée d'enseignement général s'effectue en fin de 3e.

La classe de 6^e

Les objectifs prioritaires de la 6e sont l'acquisition de méthodes de travail, le soutien aux élèves en difficulté, la maîtrise de la langue et l'approfondissement du sens civique par l'éducation civique (30 minutes par semaine).

Le nombre d'heures d'enseignement en 6e a été fixé à 23 heures minimum et 24 heures maximum par semaine. Cet horaire comprend au moins 2 heures d'études « dirigées » ou « encadrées », qui sont organisées afin d'apporter une aide pédagogique aux collégiens. La sixième doit permettre une bonne adaption aux rythmes de travail du secondaire : 10 matières différentes et autant, ou presque, d'enseignants. L'enseignement comportant le plus d'heures est le français : 6 heures par semaine. L'enseignement de la langue française, sa maîtrise, l'enrichissement du vocabulaire sont considérés comme prioritaires.

La classe de 5ᵉ

Les nouveaux programmes ont introduit une option facultative de latin en 5ᵉ, à raison de deux heures par semaine. Le nombre d'heures d'enseignement a été fixé à 25 h 30 par semaine. Mais attention : dans le cadre du nouveau contrat pour l'école, chaque établissement peut moduler les horaires des enseignements « afin d'apporter les réponses adaptées à la diversité des élèves », comme le précise l'arrêté du 26 décembre 1996.

Un risque tout de même : c'est de voir cette modulation s'opérer en fonction d'intérêts étrangers à la diversité des élèves.

En 5ᵉ, des heures de soutien sont en principe proposées aux élèves qui rencontrent des difficultés. Les établissements ont la possibilité de proposer des classes d'études sous la responsabilité d'un surveillant, ou encore des études dirigées dont le but est d'apporter une aide méthodologique. En début d'année, vous devez absolument vous renseigner sur ces heures de soutien ou d'accompagnement. Même pour un élève moyen, elles sont très utiles et elles sont recommandées par le ministère. Si ce n'est pas prévu dans l'établissement de votre enfant, réclamez-le.

Autre innovation des nouveaux programmes : des séquences d'éducation à l'orientation sont introduites en classe de 5ᵉ. Elles sont animées par des enseignants et des conseillers d'orientation – psychologues.

La classe de 4ᵉ

Pour la 4ᵉ, les horaires des matières obligatoires sont les mêmes qu'en 5ᵉ (25 h 30 hebdomadaires en moyenne), avec la possibilité, pour chaque établissement de moduler les enseignements.

Par rapport à la 5ᵉ, il y a, en plus du programme, l'apprentissage d'une deuxième langue vivante ou d'une langue régionale pendant 3 heures par semaine. Parmi les options, qui sont des heures supplémentaires, il est possible de choisir le latin, la technologie ou une langue régionale (3 heures).

Au point de vue dit « qualitatif », l'accent est mis, en français, sur la réflexion critique, le travail formel et linguistique et l'abstraction. En mathématiques : le raisonnement déductif et l'abstraction.

La classe de 3ᵉ

En 3ᵉ, de nouveaux programmes sont entrés en vigueur en 1999. Les matières obligatoires comprennent 26 heures de cours hebdomadaire. En outre, les élèves peuvent choisir 3 heures en options facultatives, c'est-à-dire depuis la réforme de Jack Lang, 3 heures d'itinéraires « découverte ».

Élèves en difficulté

En cas de difficultés, il existe des dispositifs d'aide et de soutien. Pour la classe de 4ᵉ, il s'agit des regroupements partiels qui permettent à l'élève de rester dans sa classe et de bénéficier quelques heures par semaine d'un enseignement spécifique en groupe restreint. Il s'agit essentiellement d'un soutien méthodologique. En cas de difficultés scolaires massives, on met en place ce que l'on appelle « une classe spécifique ».

Pour la 3e, le dispositif de soutien est appelé « dispositif d'insertion ». Il est très axé sur la formation professionnelle.

Plus récemment ont été mises en place des classes d'initiation préprofessionnelles en alternance (Clipa). Elles accueillent à partir de 14 ans des élèves qui veulent acquérir des compétences professionnelles en suivant une formation en alternance.

Au bout d'un an de formation en alternance, l'élève a le choix entre un retour dans une classe de collège ou de lycée professionnel ou une admission dans une formation professionnelle.

Comment réformer ?

Il y a comme un flottement qui saisit l'Éducation nationale à chaque changement de ministre. C'est que, de ministre en ministre, on se fait fort, souvent, de défaire ce que le précédent n'avait même pas eu le temps de mettre en œuvre de manière systématique. Ainsi, de l'idée de « parcours individualisé » de chaque élève : les collèges ont à peine eu le temps de l'essayer, à titre expérimental, qu'ils s'entendent dire, une fois de plus, que c'était une fausse bonne idée.

Donc, avec Jack Lang, retour à la notion de collectif, de commun, d'égalité et aux fondements gréco-latins de notre civilisation. À cette heure, nous ignorons si les idées de Jack Lang sont de bonnes idées ou si son successeur les jugera mauvaises.

En attendant, les enseignants appliquent, les parents s'appliquent et les élèves reprennent en chœur « Rosa, rosa, rosam » (déclinaison latine de *rosa*. En français : rose).

La gratuité de l'enseignement, une conquête récente

La gratuité de l'enseignement secondaire en sixième a été mise en place en 1927. Cette gratuité pour l'ensemble du cursus du collège n'a été effective qu'en 1933. Les classes du lycée sont restées payantes jusqu'en 1945.

En 1963, à l'issue de la réforme du premier cycle du second degré (réforme Fouchet), tous les élèves accèdent au collège d'enseignement secondaire (CES), mais ils sont scolarisés dans des filières séparées en fonction de leurs résultats scolaires. La filière 1 (secondaire appelé cycle long menant jusqu'au baccalauréat), filière 2 (secondaire court s'arrêtant en 3ᵉ) et filière 3 (classes de transition ou pratique). La filière 3 est considérée comme une classe de niveau très faible n'ouvrant pas à des formations mais à l'apprentissage.

La réforme Haby et le collège unique

En 1975, la réforme Haby a institué ce qu'on appelle le collège unique. Les décisions d'orientation en 5ᵉ ont été supprimées. Le collège unique a fait couler beaucoup d'encre et râler beaucoup de monde. De nombreux enseignants y sont opposés ainsi que de nombreux parents qui, tout en déclarant un égalitarisme de principe, pratiquent toutes les ruses possibles et imaginables pour y échapper : fausse sectorisation, options rares, etc.

La réforme Haby a supprimé les filières en 6ᵉ et en 5ᵉ, institué des activités de soutien et d'approfondissement ainsi qu'un système d'options à partir de la 4ᵉ. Elle incite forcément à la constitution de classes hétérogènes. Un palier d'orientation vers l'enseignement professionnel subsiste en 5ᵉ et les élèves en difficulté peuvent être accueillis dans les classes préparatoires, les classes préprofessionnelles de niveau puis, plus tard, dans les 4ᵉ et 3ᵉ technologiques, 4ᵉ allégées, 4ᵉ aménagées, 3ᵉ d'insertion.

La moitié des Français pour le collège unique
Les 2/3 des enseignants contre

Selon un sondage Sofres publié en 2002, 49 % des Français sont favorables au collège unique mais 52 % pensent qu'une partie des élèves perd son temps et profiterait davantage d'une filière spécialisée. 68 % des Français demandent que le principe du collège unique soit assoupli.

Le sondage Sofres sur la perception du collège unique par les enseignants indique que 73 % des enseignants de moins de 35 ans considèrent le collège unique comme un objectif irréalisable. Ils estiment majoritairement qu'il est préférable de proposer d'autres formations aux élèves en difficulté.

Par ailleurs, 71 % des professeurs pensent qu'inciter le plus d'élèves possible à poursuivre jusqu'au bac dévalorise l'épreuve et abaisse le niveau (!). Seulement 24 % de ces enseignants, pourtant formés dans les IUFM, sont favorables au maintien du collège unique mais souhaitent que les conditions soient améliorées. Tous ces enseignants opposés au collège unique ont pourtant été formés dans les Instituts universitaires des maîtres, censés les sensibiliser à la question sociale. Le sociologue François Dubet, qui note que les IUFM sont un échec, a réagi vigoureusement au fait que les enseignants sondés « ne pensent pas à changer les programmes et la manière d'enseigner mais à changer les élèves ».

Les Zones d'éducation prioritaires et l'organisation en cycles

En 1981 sont créées les Zones d'éducation prioritaires.

En 1989, la loi d'orientation sur l'éducation organise le collège en cycles. Un Conseil national des programmes est mis en place. À partir de 1992, le palier d'orientation en 5e et les différentes classes créées pour accueillir les enfants en difficultés sont progressivement supprimées.

En 1994, le nouveau contrat pour l'école institue les trois cycles du collège avec une orientation à la fin de la 3e.

La réforme 2001

Enfin en 2001, nouvelle réforme du collège. Cette réforme porte essentiellement sur les programmes : création des itinéraires de découverte pour le cycle central, mise en œuvre d'un plan pour le développement des arts et de la culture à l'école, renforcement des évaluations nationales, création du brevet d'études fondamentales.

Ces réformes laissent, dans l'ensemble, le corps enseignant plutôt dubitatif. Mais elles ne provoquent pas d'opposition. Bien sûr on ne s'est pas attaqué aux véritables problèmes mais si la réforme des programmes ne fait pas forcément du bien, au moins, tout le monde est sûr qu'elle ne fera pas de mal.

Les programmes

Les programmes scolaires sont les mêmes pour tous les collèges et sont régulièrement réactualisés. La tendance actuelle est à l'allégement des programmes. Plusieurs instances interviennent dans leur élaboration :

– le Conseil national des programmes créé en 1989 ; il est composé de 22 membres choisis par le ministre. Il doit proposer des directives générales et déterminer des objectifs ;

– des groupes d'experts composés d'universitaires, d'enseignants du premier et du second degré, de formateurs en IUFM et d'inspecteurs ; ils sont chargés de la rédaction des programmes ;

– la Direction de l'enseignement scolaire (DESCO) qui se charge essentiellement de l'organisation pédagogique des enseignements, des diplômes et des examens. Elle fixe également les échéances d'application des nouveaux programmes.

De réforme en réforme

Elles se succèdent et se ressemblent au moins par leur tendance à traduire dans un langage technocratique, des pratiques somme toute assez simples. Dans tous les cas, ces dernières années, on a réformé en douceur et pas en profondeur. Le maître mot, c'est le mot « programme ».

Depuis 1996, les collèges ont progressivement appliqué la réforme, dite « Bayrou », d'allégement et de restructuration des programmes. Ils l'ont d'autant mieux appliquée qu'elle ne changeait pas grand-chose quant au fond ; à tel point d'ailleurs que personne ne s'était aperçu de son existence. La claque à un gamin qui aurait tenté de lui faire les poches, administrée récemment par Bayrou devant les caméras, lui aura valu beaucoup plus de célébrité. Comme quoi les programmes ne sont pas toujours un bon créneau.

En mai 1999, Ségolène Royal, ministre déléguée chargée de l'Enseignement scolaire, a fait procéder à un bilan général du fonctionnement des collèges. Ses conclusions n'ont pas été révolutionnaires. Elles ont conduit à un renforcement des dispositifs existant déjà (études dirigées et tutorat) et à la mise en place des travaux croisés et des nouveaux bulletins trimestriels.

Les travaux croisés

Les travaux croisés sont obligatoires depuis 2000. Croisés signifie tout simplement « interdisciplinaires ». Il s'agit de travailler sur un thème concernant au moins deux disciplines. L'objectif est de favoriser l'autonomie des élèves par la réalisation d'un projet effectué en commun dans un groupe issu de classes différentes. Les travaux croisés peuvent aboutir à l'élaboration d'un journal de collège, d'un cédérom, l'organisation d'un voyage, etc. Malheureusement, ils nécessitent une grande motivation des enseignants puisqu'une partie du travail doit être réalisée en dehors des heures de cours.

La réforme Jack Lang, présentée en avril 2001, annonce de nouveaux changements... tout aussi révolutionnaires. Ils concernent notamment un assouplissement dans l'application des dispositifs de soutien scolaire.

Pour faciliter l'intégration en 6ᵉ, un enseignement spécifique pendant les premières semaines doit faire la transition entre l'école primaire et le collège. À partir de la rentrée 2002, les parcours diversifiés pour les classes de 5ᵉ et de 4ᵉ doivent être supprimés.

Les parcours diversifiés permettaient de moduler les horaires d'enseignements entre la 5ᵉ et la 4ᵉ afin de dégager du temps pour des enseignements interdisciplinaires ou en petits groupes. Ils permettaient aux enseignants d'appliquer les programmes avec une certaine souplesse puisqu'ils pouvaient jouer sur la durée de deux années. Les élèves de 5ᵉ et de 4ᵉ auront donc les mêmes horaires de cours.

À la place, les élèves suivront des « itinéraires de découverte ». Il faut quand même reconnaître que l'intitulé est séduisant (le monde de l'Éducation nationale est las du scolaire).

Au choix : découverte de la nature et du corps humain, découverte des arts et des humanités, découverte des langues et des civilisations, initiation à la création et aux techniques. Le travail fourni dans ces disciplines sera évalué et il entrera dans la composition du brevet des collèges.

Les itinéraires de découverte impliquent, eux aussi, des croisements de disciplines. Ils permettront aux élèves d'apprécier leurs goûts et leurs compétences, donc de mieux s'orienter.

Suppression des classes de 3ᵉ à option technologique

À partir de la rentrée 2003, il n'y aura plus de classes de 3ᵉ à option technologique. Elles seront remplacées par des classes générales avec deux langues vivantes pour tous. Quatre heures par semaine seront consacrées à des options choisies par l'élève dans les disciplines suivantes : langues et culture de l'Antiquité, langues et cultures du monde, arts, sciences expérimentales, technologie et découverte professionnelle.

Création des classes à PAC

Elles sont issues du Plan pour le développement des arts et de la culture à l'école. La classe à projet artistique et culturel s'inscrit dans le corps des enseignements obligatoires. Elles s'organisent autour d'un thème annuel abordé sous l'angle des différentes disciplines. Une époque historique, un lieu, un monument, un poète, un mouvement artistique, un projet musical, urbain, cinématographique ou théâtral sont des sujets de PAC.

Plus d'évaluations

Les tests d'entrée en 6ᵉ doivent être étendus à de nouvelles disciplines (jusqu'ici, ils concernaient seulement le français et les mathématiques) et ils seront suivis par une nouvelle évaluation nationale en début de 5ᵉ et en fin de 4ᵉ. L'actuel brevet des collèges est remplacé par le brevet d'études fondamentales (plus joli !) qui jouera un rôle important pour le passage en seconde. Outre les épreuves communes, ce brevet d'études fondamentales comporte deux épreuves relatives aux options choisies par l'élève.

Ce qu'il faut retenir de la réforme

Ces dernières années ont été marquées par une volonté nette de développer davantage les filières scientifiques, commerciales et technologiques. La réforme de Jack Lang marque tout de même un léger tournant. Les programmes sont rééquilibrés en faveur de la culture humaniste et généraliste.

Le latin, deuxième langue étudiée au collège après l'anglais

Aujourd'hui, 20 % des collégiens apprennent le latin, ce qui en fait, en valeur absolue, la langue la plus étudiée au collège après l'anglais. En revanche, on ne compte plus que 6 % de latinistes à l'entrée en seconde. Quant au grec, il est choisi par 1,9 % des collégiens et 0,9 % des lycéens.

Le Conseil national des programmes

À la demande du ministère de l'Éducation nationale, le Conseil national des programmes (CNP) définit les orientations d'un futur programme. Il désigne des groupes d'experts par disciplines qui planchent sur le thème demandé.

Le rôle des groupes d'experts est d'élaborer des projets de programmes à partir des recommandations du CNP. Présidés par un universitaire, ils rassemblent des professeurs ainsi que des inspecteurs d'académie.

Dès lors qu'il est constitué, tout projet de programme est soumis à une consultation des enseignants, organisée dans chaque académie. Cette consultation a pour but de recueillir leurs avis et propositions. Le projet est ensuite amendé en tenant compte, en principe, de l'expérience de terrain des enseignants.

Une fois validé par le Conseil national des programmes, le projet est présenté pour vote au Conseil supérieur de l'éducation, instance qui rassemble des représentants des lycéens, étudiants et des parents d'élèves, des personnels, des collectivités publiques et des représentants du monde économique (*sic !*) et du monde social.

À l'issue du vote, si le projet est adopté, c'est le ministre qui prend la décision ou pas, de le publier au *Journal officiel* et de le mettre en œuvre.

Première et terminale générale : encore un petit effort et c'est gagné !

À l'issue de la classe de seconde, les élèves qui s'orientent dans la voie générale suivent leurs études pour la préparation d'un baccalauréat général dans l'une des trois séries suivantes : économique et sociale (ES), littéraire (L), scientifique (S). L'accès à une de ces classes n'est conditionné par aucun enseignement optionnel en seconde.

L'accès à la classe terminale des différentes options s'effectue dans la même filière que celle suivie en première. Si l'élève souhaite changer de filière à la fin de la première, il doit demander une dérogation. L'obtention de cette dérogation dépend de son livret scolaire et d'un avis favorable motivé du chef d'établissement et du conseil de classe.

Les enseignements des classes de première et terminales ES, L et S comprennent des matières obligatoires, des options facultatives et des ateliers d'expression artistique. Par ailleurs, tous les élèves suivent un enseignement d'éducation civique, juridique et sociale. Enfin, des heures de « vie de classe », moment d'animation et de débat dans la classe, figurent dans l'emploi du temps des élèves.

Dans le cadre des enseignements obligatoires, les élèves réalisent, dans la discipline dominante de leur section et sous la responsabilité pédagogique des enseignants, des travaux personnels encadrés (TPE).

En classe terminale, les élèves choisissent obligatoirement un ou deux enseignements de spécialité (selon leur série) dans la perspective d'études supérieures et en fonction de leur projet personnel. Ces enseignements optionnels doivent être choisis parmi ceux qu'offre l'établissement de l'élève.

Conseil

Il est préférable de prévoir ce choix en terminale **dès l'admission en seconde.** Il existe en effet des options rares. Si ces options ne figurent pas dans l'établissement de votre secteur et qu'elles s'intègrent dans un projet personnel de l'élève, vous pouvez choisir un établissement hors secteur. Vous pouvez également vous renseigner sur l'existence éventuelle d'une convention entre l'établissement de votre secteur et un autre établissement proposant les options souhaitées. En ce cas – mais cette situation est exceptionnelle –, l'élève peut suivre les enseignements optionnels dans l'établissement qui a signé une convention avec son collège.

Jack Lang et l'Antiquité

En 2001, deux interventions de Jack Lang (à l'occasion d'un colloque sur « le grec et le latin aujourd'hui » et d'un séminaire sur « l'enseignement des langues anciennes au lycée ») confirment son intérêt pour les langues et les civilisations de l'Antiquité grecque et latine. Pour le ministre, l'enseignement du grec et du latin établit des liens avec d'autres disciplines (la philosophie, l'art, l'histoire, la littérature, la science, la géographie) ; il donne accès aux grands récits fondateurs et forme l'esprit critique.

À noter : le ministre témoigne visiblement d'un intérêt beaucoup plus faible aux textes fondateurs et grandes philosophies du monde arabe, préislamique ou islamique, du judaïsme ou des autres civilisations.

Parmi les actions menées en faveur de cet enseignement :

– l'augmentation de 7 % des postes aux concours,

– le maintien des enseignements optionnels de latin et de grec dans la réforme du collège ; la création en 5e et en 4e des itinéraires de découverte « arts et humanités » et « langues et civilisations ». La possibilité, dans le cadre des enseignements choisis en 3e, de choisir la dominante « langues et cultures de l'Antiquité » ;

– l'entrée en application de nouveaux programmes en latin et en grec. Cette application a commencé en seconde dès la rentrée 2001, elle se poursuit en 1re à la rentrée 2002 et à la rentrée 2003 en terminale. En 2003, une nouvelle définition d'épreuve pour cette option est prévue ;

– l'ouverture, en classe de seconde générale et technologique, d'options grands débutants de langues anciennes.

chapitre 19

Une filière spécifique : l'enseignement agricole

L'enseignement agricole dépend du ministère de l'Agriculture et de la Pêche. Il participe à la formation professionnelle, aux activités de développement, d'expérimentation et de recherche appliquée, à l'insertion scolaire et sociale des jeunes, enfin à des actions de coopération internationale et d'échanges.

Historique

L'enseignement agricole a été promulgué par un décret adopté par l'Assemblée nationale le 3 octobre 1848.

À sa création, il se divise en trois degrés :

– Au premier degré, ce sont les fermes-écoles dans lesquelles on dispense une instruction élémentaire pratique.

– Au deuxième degré, ce sont les écoles régionales, où l'instruction est à la fois théorique et pratique.

– Au troisième degré, c'est l'institut agronomique, une école normale supérieure d'agriculture.

L'enseignement professionnel de l'agriculture est pris en charge par l'État.

À savoir : depuis 1993, le baccalauréat S comprend une option préparée dans les établissements qui sont sous tutelle du ministère de l'Agriculture et de la Pêche.

La loi d'orientation de 1999 a redéfini les missions de l'enseignement agricole et mis l'accent sur la multiplication des fonctions (pratiques, théoriques, etc.) et des partenariats.

Les parcours de formations

L'enseignement agricole comprend :
– **Un cycle d'orientation :**
Il comprend la 4e et la 3e.
– **Un cycle de détermination :**
Il comporte deux orientations :
– la voie générale et technologique (seconde générale et technologique),
– la voie professionnelle : préparation au certificat d'aptitude professionnelle agricole (CAPA) ou au brevet d'études professionnelles agricoles (BEPA)
– **Un cycle terminal :**
Il comporte trois orientations :
– la voie générale : baccalauréat S,
– la voie technologique : brevet de technicien agricole (BTA) ou baccalauréat technologique,
– la voie professionnelle (baccalauréat professionnel).
L'enseignement postsecondaire ou supérieur est dispensé dans les lycées (brevet de technicien supérieur agricole, classes préparatoires, grandes écoles, diplômes d'ingénieur). Après les classes de 3e et les classes préparatoires aux grandes écoles, on peut accéder par la voie de l'apprentissage à toutes les formations, y compris dans le supérieur.

Organisation des lycées d'enseignement général et technologique et des lycées d'enseignement général et technologique agricole

La classe de seconde est une classe de détermination qui prépare les élèves aux choix des séries et spécialités de première et terminale avec quatre voies possibles : le baccalauréat général, le baccalauréat technologique, le brevet de technicien et le brevet de technicien agricole.

Les enseignements de la classe de seconde comprennent des enseignements communs, des enseignements de détermination (au nombre de deux), des options facultatives et des ateliers d'expression artistique. Tous les élèves reçoivent un enseignement d'éducation civique, juridique et sociale. Il faut savoir qu'aucun enseignement de détermination ou option n'est imposé pour l'accès à une série ou spécialité de première déterminée. Le but du choix d'enseignement dit de détermination est de permettre aux élèves de tester leurs goûts et leurs compétences. Pour les élèves qui choisissent en première un enseignement qu'ils n'ont pas suivi en seconde, il existe des aménagements d'horaires permettant un rattrapage des cours.

L'élève a par ailleurs la possibilité de suivre une option facultative et un atelier d'expression artistique.

Il existe une aide individualisée s'adressant à des élèves rencontrant des difficultés ponctuelles ou montrant des lacunes plus profondes. Cette aide se déroule dans le cadre de groupes dont le nombre maximal a été fixé à huit. Ces groupes sont redéfinis tous les trimestres en fonction des résultats des élèves. L'aide porte sur le français et les mathématiques.

Attention : le dispositif d'aide s'inscrit dans le projet d'établissement. Les représentants des parents d'élèves peuvent demander, si ce n'est pas le cas, que l'aide individualisée soit inscrite dans le projet et mise en œuvre.

chapitre 20

Scolariser
un enfant handicapé

La loi d'orientation de 1975 définit comme une priorité la scolarisation des enfants handicapés dans des écoles publiques non spécialisées. Les circulaires de 1982-1983 réaffirment cette orientation. Il s'agit de favoriser l'intégration des enfants handicapés en les insérant le plus souvent possible « dans un milieu ordinaire » et cela, dès l'école. Mais pour les parents, il n'est pas toujours facile de convaincre les chefs d'établissements et leurs équipes de prendre en charge leur enfant handicapé.

Pour répondre à ces difficultés, la circulaire de 1991 précise les conditions de scolarisation des enfants handicapés. Ces conditions doivent être décidées avec les familles, les inspecteurs de l'Éducation nationale chargés de l'adaptation et de l'intégration et la commission d'Éducation spéciale.

Une circulaire datée du 21 février 2001 précise les conditions de misc cn œuvre d'un véritable plan d'intégration des élèves handicapés. Chaque académie doit désormais mettre en œuvre un plan de scolarisation des élèves handicapés dans les collèges, les lycées d'enseignement général et les lycées professionnels.

Le rôle des commissions d'éducation spéciales

Il lui appartient normalement de mettre au point le projet d'intégration de l'enfant handicapé. Deux types de commissions existent :
– les commissions de circonscriptions préscolaires et élémentaires pour le premier degré,
– les commissions de circonscriptions du second degré.

Ces commissions statuent également pour les demandes d'attributions d'allocations d'éducation spéciale. Elles sont composées de 12 membres nommés par le préfet pour trois ans renouvelables : inspecteur d'académie, inspecteur chargé de l'intégration et l'adaptation scolaire, un directeur d'établissement ou autre profession de l'école, trois membres de la Direction départementale de l'action sanitaire et sociale (DDASS), 3 représentants de la Sécurité sociale et de parents d'élèves (fédérations et associations de familles d'enfants handicapés).

Mais si vous demandez à ce que votre enfant soit scolarisé dans l'école publique de votre secteur, la Commission départementale peut charger des commissions de circonscription d'en décider. Leur composition est similaire et leur mission est aussi de favoriser la scolarisation des handicapés dans des écoles et des classes ordinaires.

Quand pouvez-vous intervenir ?

Avant toute décision d'orientation, la commission doit convoquer au moins 10 jours à l'avance les parents ou le représentant légal ainsi que le médecin traitant. N'hésitez pas à préparer un dossier et à contacter l'association Handeis (58, rue de Terre-Neuve, 75020 Paris) pour vous faire aider. Cette association se bat pour que l'intégration des handicapés entre dans les faits.

Orientation : qui décide ?

C'est la commission qui décide de l'orientation de l'enfant dans un établissement ordinaire ou spécialisé. Cette décision s'impose aux établissements. Cependant, si un établissement estime, après une période d'observation, que l'enfant a été mal orienté, il peut saisir la commission. Il ne peut en aucun cas décider lui-même de refuser à un élève handicapé l'accès à la classe décidée par la commission.

En tout état de cause, les parents peuvent également saisir la commission soit parce qu'ils ne sont pas d'accord avec l'orientation, soit parce que le chef d'établissement la conteste contre l'avis des parents.

Les classes d'Intégration scolaire (élémentaire)

Pour favoriser l'intégration des handicapés, des formules souples ont été mises en place. En élémentaire, ce sont des classes d'un type nouveau, appelées « classes d'intégration scolaire » qui peuvent être ouvertes aussi bien dans les établissements ordinaires que dans les établissements spécialisés.

Ces classes ont un effectif limité à 12 enfants. Les élèves peuvent suivre leur scolarité en partie dans une classe ordinaire et en partie dans une CLI. L'enseignant est un instituteur ou un professeur des écoles spécialisé.

Les unités pédagogiques d'intégration (collège)

C'est une classe intégrée au collège. Elle accueille les adolescents et préadolescents de 11 à 16 ans qui présentent un handicap mental, sensoriel ou moteur, y compris des handicaps lourds. Son effectif est limité à 10 élèves.

Là encore, la formule est souple. L'UPI doit élaborer un projet pédagogique adapté aux élèves. Ce projet peut inclure des séquences de travail avec d'autres élèves de classes ordinaires.

Les sections d'enseignement général et professionnel adapté (Segpa)

Les EREA : écoles régionales d'enseignement adapté

Cette section regroupe au collège des élèves qui rencontrent de nombreuses difficultés à l'issue de l'école primaire. Les commissions de circonscriptions du second degré (CCSD) décident de l'affectation d'un élève en SEGPA après examen du dossier scolaire, médical et psychologique.

En cas de désaccord avec cette orientation, les parents peuvent adresser un recours, dans les trois jours, à la commission d'appel. Les SEGPA proposent un enseignement général, assorti d'une formation professionnelle. L'objectif est de permettre à l'élève d'accéder à un niveau de qualification CAP (formation professionnelle de deux ans après la 3e). L'obtention de ce niveau d'études s'effectue en deux étapes :

– en 4e et en 3e, les élèves effectuent des stages pratiques en entreprise afin de choisir ensuite l'orientation de leur certificat d'aptitude professionnelle ;

– à la fin de la 3e, ils passent un certificat de formation générale, diplôme de fin d'études en SEGPA.

L'enseignement est assuré par des instituteurs spécialisés et des professeurs de lycée professionnel et de collège. Ils peuvent ensuite poursuivre leur scolarité en lycée professionnel.

Les EREA (écoles régionales d'enseignement adapté) proposent un enseignement en internat pour des élèves en difficultés scolaire, sociale ou présentant des handicaps auditifs, visuels, moteurs ou physiques.

Il existe une EREA par département.

chapitre 21

La querelle
des rythmes scolaires

Comment aménager le rythme de l'enfant en évitant de perturber son rythme biologique ? Comment changer l'organisation de la scolarité sur l'année, la semaine et la journée sans heurter les intérêts de l'industrie touristique, ceux des enseignants, des parents, de l'Église catholique ?

En engageant un processus de réforme des rythmes scolaires applicable dès la rentrée 2002 à Paris, le recteur et la mairie de Paris se sont dressés contre des citadelles et jetés dans une véritable tourmente.

Grèves, manifestations, oppositions, éclatement des sections locales de certaines fédérations de parents, calculs électoraux d'autres fédérations ancrées à droite et ravies de voir la mairie s'embourber : la querelle des rythmes scolaires dépasse, de loin, la question de l'intérêt des enfants au sein de leurs familles et à l'école.

La ville de Paris n'est pas la première ville à vouloir modifier les rythmes scolaires. De nombreuses expériences locales existent. Mais à Paris, les municipalités de chaque arrondissement n'ont pas d'autonomie en la matière au contraire du reste de la France, où une modification des rythmes scolaires peut être décidée à l'échelle d'une municipalité en accord avec le rectorat.

Pour la Ville, la difficulté est d'autant plus importante que dans certains arrondissements, la seule revendication est la suppression du samedi matin tandis que dans d'autres, l'école le samedi matin est jugée utile, notamment pour les enfants des familles défavorisées.

Or, chacun sait aujourd'hui que les rythmes imposés aux enfants sont tout simplement nocifs. Perturbations de l'horloge biologique, perturbations du sommeil et difficultés d'apprentissage sont le fruit de ce déséquilibre.

Les évaluations du niveau scolaire des élèves ont d'ailleurs montré ces dernières années une tendance à l'infléchissement. Les résultats sont en baisse dans le domaine de la compréhension. Les élèves montrent de plus en plus de difficultés pour comprendre ce qu'on leur demande, analyser les textes, suivre les arguments et le déroulé des raisonnements. Ils parviennent à acquérir les mécanismes mais leur capacité de concentration et leurs performances en matière d'analyse et de synthèse semblent diminuer.

Est-ce en rapport avec une mauvaise organisation des temps scolaires ? Aucune étude ne permet de le confirmer par manque d'éléments de comparaison. L'organisation des temps scolaires est pratiquement homogène sur toute la France. Il existe bien des expériences d'aménagement mais partout en France, les élèves ont le même nombre d'heures d'enseignement, et un plus grand étalement avec diminution des grandes vacances semble impossible à réaliser.

Quoi qu'il en soit, on sait aujourd'hui que l'organisation des temps scolaires en France est un non-sens. Seulement voilà : trop d'intérêts sont en jeu. Prenez les intérêts des enseignants, ceux des parents, ceux de l'industrie touristique, de l'Église, des fédérations sportives, des associations d'activités culturelles et artistiques et mélangez le tout.

Qu'obtenez-vous ? Une parfaite cacophonie. Bien entendu, chacun se réclame vertueusement de l'intérêt des enfants. Mais comme personne ne sait quel est l'intérêt de l'enfant, quel est le dénominateur commun entre des enfants différents culturellement, socialement et personnellement, la signification même de la formule échappe.

C'est ainsi que chaque protagoniste peut aisément cacher derrière l'argument fallacieux de l'intérêt de l'enfant des motifs beaucoup moins louables. Avec la question des rythmes scolaires se profile donc une vraie question politique au sens noble : quel sens donner à la notion de bien public, d'intérêt public et où se situe l'école par rapport à sa mission de service public ?

Vu sous cet angle, s'attaquer à la question des rythmes scolaires, c'est faire un rêve. C'est rêver d'une refonte de l'école autour de l'enfant et de l'élève, tel qu'il est et non tel qu'il devrait être.

Rythmes scolaires : l'exception française

En France, l'organisation de l'école primaire date de 1882. L'école laïque ne proposant pas d'enseignement religieux, une journée est libérée en milieu de semaine pour le catéchisme : c'est le jeudi jusqu'en 1972 puis le mercredi. En revanche, les élèves ont des cours tous les samedis matin. Cette organisation est unique en Europe.

Partout en Europe, la semaine scolaire se déroule sur 5 jours qui s'étendent du lundi au vendredi (sauf au Luxembourg : 6 jours).

La France, la Belgique, le Luxembourg et l'Espagne sont les seuls pays en Europe où le nombre d'heures scolaires et de journées d'école est identique pour les enfants entre 6 et 11 ans.

Partout ailleurs, les horaires scolaires sont modulés en fonction de l'âge des enfants.

La France se caractérise par un nombre d'heures annuelles d'enseignement très lourd : 936 heures de présence annuelle dont 855 heures d'enseignement si on déduit les récréations (seul le Luxembourg a des horaires plus chargés).

Ces 855 heures d'enseignement sont réparties sur un calendrier de 180 journées par an : seule la Grèce, le Portugal et la Suède ont un calendrier un peu plus court.

L'origine des emplois du temps

Faute de mémoire, la plupart des gens s'imaginent que l'organisation actuelle est quelque chose de naturel.

En réalité, les emplois du temps des élèves ont été mis en place en fonction de besoins totalement étrangers aux intérêts des enfants et à l'efficacité en matière d'acquisition des connaissances.

Exemples :

Les grandes vacances d'été :

Elles ne sont pas une conquête syndicale des enseignants mais le résultat de la guerre 14-18. Dans une France encore très rurale, la majorité des hommes est envoyée au front pour une longue guerre. On libère donc les enfants de l'obligation scolaire pendant la période des récoltes pour qu'ils remplacent les pères absents.

La coupure du jeudi et aujourd'hui du mercredi :

L'école étant laïque, il faut libérer un jour pour l'enseignement religieux.

Les vacances d'hiver :

La coupure de deux semaines a pour but de rentabiliser les équipements alpins et de développer l'industrie touristique.

Le point de vue des instituteurs

Au cours du processus de négociation sur les rythmes scolaires, la mairie de Paris diffuse un questionnaire auprès de l'ensemble des équipes éducatives, essentiellement les enseignants, le personnel travaillant dans les écoles et des parents délégués des fédérations. Réaction des enseignants : ce n'est pas une réelle concertation, les questions sont mal posées et, comble de l'affront, le même questionnaire est diffusé auprès du personnel, des parents et des enseignants. Dans ces conditions, les enseignants appellent à boy-

Par la suite et sous la pression de l'industrie touristique, la France a été divisée en trois zones et les périodes de vacances décalées : la période touristique est passée ainsi de 2 semaines à huit semaines.

Le samedi et la semaine de quatre jours :
Une proportion importante des classes moyennes urbaines se prononce actuellement pour la suppression de l'école le samedi matin. Cette demande est relayée par les sondages (à Paris, 74 % des parents souhaitent la suppression du samedi matin) mais elle se heurte à une double impossibilité : enseignants et politiques ne veulent pas réduire les vacances d'été et l'Éducation nationale ne veut pas réduire le nombre annuel d'heures d'enseignement.

Concernant les grandes vacances, l'argument avancé par les politiques est le risque d'un plus grand absentéisme des enfants issus de l'immigration dont les familles partent traditionnellement deux mois dans leurs pays d'origine. Quant à remplacer le samedi matin par le mercredi matin, de nombreux enseignants y sont opposés et l'Église catholique aussi. Ces enseignants affirment – sans preuve – que cette coupure du mercredi est indispensable, aussi bien pour les enfants que pour les équipes pédagogiques soumises à de trop fortes tensions dans l'école.

cotter le questionnaire (renvoyer une feuille blanche) et à lancer des grèves.

Pendant ce temps, les syndicats enseignants eux aussi essaient de sonder leurs troupes. Le syndicat SNUipp-FSU adresse un questionnaire à 8 800 instituteurs et obtient 1 455 réponses, provenant majoritairement de non-syndiqués.

92 % des enseignants rejettent les propositions du recteur. Ces propositions sont assez complexes mais elles conservent la semaine de 5 jours avec suppression du samedi matin et école le mercredi matin.

Le sondage révèle que 74 % des enseignants sont pour un changement. Mais dès qu'il s'agit de dire quel changement, aucun consensus ne se dégage.

Parents, enseignants, mairie de Paris : un dialogue de sourds

Les parents sont majoritairement pour la suppression du samedi matin. Mais la plus grande fédération de parents d'élèves, la FCPE, s'oppose à la semaine de quatre jours.

Elle milite pour que soient pris en compte, dans l'organisation de la journée, les rythmes dits « biologiques » des enfants. Elle demande que la suppression éventuelle du samedi matin s'accompagne d'une offre d'activités culturelles et sportives gratuites dans les locaux de l'école aux mêmes heures. Elle interroge la mairie de Paris sur les moyens qui seront affectés à cette réforme coûteuse.

Un deuxième enjeu se dégage : celui de l'accès à des activités périscolaires gratuites dans les locaux de l'école. C'est aussi l'objectif de la mairie de Paris qui revoit sa copie et s'explique sur les financements.

Mais, côté enseignants, on crie à la confusion : l'école, c'est l'école et la classe, c'est leur classe. Argument de poids : les gosses n'ont déjà pas de repères, alors, s'ils ne font pas la différence entre l'école et les activités périscolaires, ils seront complètement perturbés.

Or, Paris manque d'équipements sportifs et culturels. Comme l'école est un bâtiment municipal, rien, légalement, ne s'oppose à ce que les locaux soient utilisés par la municipalité, hors temps scolaire.

La classe : un lieu symbolique

Rien ne l'empêche légalement mais il existe un tabou : pour les enseignants, la classe est un lieu symbolique. C'est leur identité, un lieu qu'ils façonnent. Ils vivent cette idée de céder les locaux quand ils n'y travaillent pas comme une désacralisation, une banalisation de la mission de l'école. S'il est vrai que les enseignants ne disposent pas de bureaux ou de locaux de réunion à l'école, s'il est exact qu'un tel projet nécessite des aménagements, les vrais motifs du refus des enseignants sont ailleurs. L'idée que les associations entrent dans les classes pour y développer des activités sportives et culturelles gratuites est vécue comme une intrusion.

Dans leur ensemble, les enseignants redoutent d'avoir à intégrer un partage ou un échange dans ce pré carré, ce milieu protégé qu'est la classe. En fait, ils se sentent menacés et ils manifestent un rejet viscéral de l'intrusion associative et de l'intervention des autorités politiques. Les enseignants ont le sentiment que le monde bascule, que les valeurs de l'école sont en danger et ils croient les défendre.

Un nouveau corporatisme

Vu de l'extérieur, évidemment, la défense des valeurs de l'école apparaît pour ce qu'elle est : une fable, une histoire que l'instituteur se raconte avant de se coucher pour mieux s'endormir. Ces fameuses valeurs, telles qu'on se les représente, ont disparu depuis longtemps. Non à cause du corporatisme tant décrié mais parce que ce corporatisme a pour principal défaut d'être bien peu collectif. En ce sens, c'est un nouveau corporatisme fait de l'addition d'intérêts individuels qui s'abritent derrière une corporation.

Mais il faut se rappeler que c'est au corporatisme enseignant que nous devons l'invention de l'éducation populaire et le travail éducatif et social auprès de familles défavorisées. Ce n'est pas le traditionnel corporatisme enseignant qui immobilise la profession mais l'agrégation des individualismes.

Séisme dans les fédérations de parents d'élèves

Au niveau des principales fédérations de parents d'élèves, l'affaire des rythmes scolaires joue comme un révélateur. La PEEP qui n'a pas mené de réflexion de fond sur la question réclame la suppression du samedi matin et ne s'oppose pas à la semaine de quatre jours. Elle ne prend pas position par rapport au périscolaire gratuit qui ne fait pas partie de ses préoccupations, au demeurant peu sociales. Elle se trouve donc paradoxalement plus en phase avec les enseignants que l'autre fédération, la FCPE pourtant historiquement enracinée dans le monde enseignant.

De son côté, la FCPE est prise au piège de la démocratie locale. La fédération qui travaille sur ces questions depuis des années a bien une ligne : la semaine de 5 jours, l'alternance 7 semaines d'école, 2 semaines de vacances, l'organisation de la journée scolaire en fonction des pics de vigilance des enfants et une offre périscolaire gratuite dans les heures de moindre vigilance.

Malheureusement, à l'échelle des sections locales, c'est-à-dire de chaque école, ces grandes orientations s'émiettent. À cela deux raisons : d'abord, chacun voit midi à sa porte, c'est-à-dire qu'il juge en fonction de sa situation familiale, professionnelle et sociale. Ensuite, de nombreux parents réagissent de manière tout aussi viscérale que les enseignants. Pour certains, l'explication est simple : ils sont enseignants eux-mêmes.

Mais pour les autres ? Pour les autres, c'est un peu comme le syndrome de Stockholm : à force de fréquenter les enseignants, ils ont adopté leur cause. Quant aux parents qui songent plus naïvement aux améliorations, ils n'ont qu'une idée : fuir les associations dont ils ne comprennent plus ni le sens, ni l'action.

Le refus de la concertation

On peut toujours critiquer la méthode adoptée par la Ville et le recteur. Mais chacun sait que, quelle que soit la méthode, elle aurait été critiquée.

Il n'y a pas assez de concertation, dit-on. Mais les écoles et certaines sections de parents d'élèves refusent de répondre au questionnaire et de prendre part au vote sur les rythmes scolaires. Toute concertation est d'ailleurs rejetée d'une manière très scolaire : telle question n'a pas été posée correctement, telle virgule est mal placée.

Dans les fédérations de parents d'élèves, c'est le chaos. Mais chez les enseignants, on observe exactement les mêmes effets. Beaucoup d'entre eux ne se sentent plus représentés par leurs syndicats. Et la plupart ne parviennent pas à dégager une prise de position collective. Ce que révèle la querelle des rythmes scolaires, c'est l'individualisme des parents et des enseignants et la tragique impuissance des politiques.

C'est bien cette impuissance qu'espéraient conjurer la Ville et le recteur par une concertation express.

Au comble de la tourmente, certains syndicats enseignants rappellent qu'ils n'ont pas été associés aux accords sur les 35 heures et qu'ils n'ont bénéficié d'aucune diminution de leur temps de présence à l'école (1 heure comptabilisée 1 heure 30 pour les préparations et les corrections). On est loin, très loin de la question de l'aménagement du temps de l'enfant.

Ce que pensent vraiment les parents

Un sondage réalisé par le CSA pour *le Parisien* et *Aujourd'hui* auprès d'un échantillon représentatif de 1 000 personnes révèle que 76 % des parents parisiens sont favorables à une semaine de 5 jours avec des cours le mercredi matin. Seulement 20 % des parents se prononcent pour le maintien du samedi.

La Ville réaffirme sa volonté de changement

Dans un communiqué publié le 14 mars 2002, Bertrand Delanoë, le maire de Paris, réaffirme sa volonté de faire aboutir le projet de modification des rythmes scolaires. L'année 2002-2003 sera consacrée à l'information de tous les « acteurs » de l'école, enseignants, animateurs, personnels et parents. La consultation qui aura lieu au bout d'un an d'informations et de débats sera individuelle. Elle ne prendra pas prioritairement en compte les instances représentatives des enseignants, personnels de l'école et parents puisque la querelle des rythmes scolaires révèle que chaque parent et enseignant n'est représenté par personne et ne représente que lui-même.

En attendant, la Ville consacrera 10 millions d'euros à la mise en œuvre d'activités périscolaires gratuites dans l'école. Une équipe de deux référents sera constituée dans chaque école et 800 nouveaux postes d'animateurs seront créés. Il est prévu d'affecter désormais un adulte pour quinze enfants pour la pause de midi. Un dispositif « inédit » de formation pour ces animateurs et agents de la Ville sera mis en place (le dispositif est d'autant plus « inédit » qu'en réalité la Ville ne sait pas du tout quel dispositif elle mettra en place). Bref, pour le moment pas de changement mais à coup sûr, on ne perd rien pour attendre.

La rentrée 2002-2003 sera donc une veillée d'armes. Et quoique vous pensiez actuellement de l'aménagement des rythmes scolaires, une chose est sûre : il vaut mieux savoir de quoi on parle. Sinon vous risquez d'être entraînés dans des combats bien étrangers à l'intérêt de nos enfants, tous nos enfants, c'est-à-dire aussi ceux des autres.

Les expériences locales d'aménagement du temps scolaire : quels enseignements en tirer ?

Environ 30 % des écoles et 25 % des élèves bénéficient d'aménagements du temps scolaire. Un peu plus d'un quart des écoles (25,8 %) a choisi la semaine de 4 jours. Ce choix est plus courant en milieu rural et en élémentaire qu'en maternelle. 4, 2 % des écoles ont gardé une semaine de 5 jours avec des aménagements. 70 % des écoles n'ont mis en place aucun aménagement particulier.

Ces aménagements scolaires ont produit des résultats variables. La semaine de 4 jours favorise incontestablement la vie familiale mais elle laisse les enfants trois jours désœuvrés lorsqu'elle ne s'accompagne pas d'une offre d'activités. Il en résulte souvent une réduction du temps d'enseignement, surtout pour les enfants qui sont absents pendant les jours de rattrapage sur les vacances d'été. Ce type d'absentéisme touche particulièrement les enfants issus de l'immigration dont les parents retournent au pays environ deux mois et demi l'été.

Aménagements du temps de l'enfant : des résultats variables

Par ailleurs, on note parfois une plus grande fatigue des enfants. Enfin, la suppression du samedi matin diminue les occasions de rencontres entre les parents et entre parents et enseignants.

Lorsque les rythmes scolaires sont aménagés, non seulement sur la semaine mais dans la journée, cela permet des moments de détente, surtout en début d'après-midi, on note les effets suivants :

– moins d'agressivité et de violence, de meilleures relations avec les adultes,

– plus de communication grâce à la variété d'interlocuteurs qu'apportent les activités périscolaires avec des animateurs,

– une plus grande dynamique des associations, des habitants, des parents accueillis dans les écoles.

Lorsqu'il est construit à partir des besoins des enfants, l'aménagement des rythmes scolaires améliore les performances à l'école, agit positivement sur l'ambiance et permet de réintégrer l'école dans la ville et la société dans l'école. Cependant, cette réussite dépend largement de l'engagement des enseignants et des parents.

Ce qu'en pensent les scientifiques

Les scientifiques travaillent sur ce qu'on appelle les « rythmes circadiens de vigilance » et différents aspects comme les temps de récupération nécessaires au cours d'une semaine et au cours de l'année scolaire.

Les rythmes circadiens de vigilance varient suivant l'âge. La vigilance des enfants est faible entre 8 heures et demie et 9 heures et entre 11 heures et 14 heures. Ce qu'on appelle les « pics de vigilance » au cours de la journée (moments où les enfants se concentrent davantage, mémorisent et comprennent mieux) se situent entre 9 heures et 11 heures et entre 17 heures et 20 heures.

L'aménagement du temps de l'enfant dans la journée devrait donc tenir compte de ces aspects

Concernant la semaine, une coupure de deux jours le week-end est positive si les enfants se couchent tôt. Si les enfants se couchent tard deux soirs de suite, il leur faudra deux jours de réadaption au rythme de l'école.

Pour les vacances, le rythme 7 semaines d'école, 2 semaines de repos est le plus adapté.

La pause de midi : une étape essentielle de la journée

Actuellement, dans de nombreuses écoles, il y a deux services à midi. La pause de midi ne devrait pas être inférieure à une heure trente. Il serait même souhaitable de l'allonger au-delà et de proposer, en début d'après-midi, des activités périscolaires en utilisant les locaux scolaires sous surveillance des adultes (bibliothèques, salles de jeux, etc.).

Et l'allongement de la journée ?

L'aménagement du temps de l'enfant en fonction de son bien-être nécessiterait un allongement de la présence à l'école avec un report des cours du début d'après-midi en fin d'après-midi.

Le début de l'après-midi devrait être consacré à des activités artistiques, sportives et culturelles en fonction des goûts des enfants. Il serait également souhaitable de ramener les trois zones touristiques à deux zones, d'augmenter la durée des vacances de la Toussaint (2 semaines), de diminuer le nombre d'heures annuelles d'enseignement, d'alléger les devoirs à la maison, d'ouvrir les écoles pour accueillir des activités périscolaires gratuites le samedi.

Toutes ces réponses qui doivent être adaptées aux situations locales existent et sont connues. Mais chacun de ces changements se heurte à des intérêts d'adultes, économiques ou de confort.

La querelle des rythmes scolaires montre que dès que l'on considère la situation de l'enfant sous l'angle d'une réelle volonté d'amélioration de sa situation, l'intérêt de l'enfant ne fait plus consensus, il est contradictoire. Cela parce qu'il n'est jamais possible de le considérer isolément des nombreuses contraintes qui pèsent sur la société. C'est tout à fait logique et normal. Ce qui ne l'est pas en revanche, c'est de considérer ces contraintes comme prioritaires et les besoins des enfants comme secondaires.

Mais les enfants ne peuvent pas défendre leur intérêt. Ils ne sont pas compétents sur eux-mêmes. Ils savent sans doute ce qui leur procure du plaisir ou du déplaisir mais ils ignorent ce qui est bon pour eux. Qui dira, qui défendra l'intérêt réel des enfants ?

Parents, si vous voulez vraiment porter cette parole des enfants, préparez-vous à une veillée d'armes. Mais si vous pensez que la seule chose qui compte c'est votre roudoudou à vous et que votre roudoudou, ça va bien, il a sa nounou et vous êtes déjà organisés comme il faut, la seule chose qui vous manque, c'est un week-end complet, dormez sur vos deux oreilles.

Le samedi, c'est peut-être la seule chose qui changera. Mais roudoudou, au fait, il a besoin que ça change ou pas ?

Entretien avec Éric Ferrand, conseiller régional d'Île-de-France, adjoint au maire de Paris, chargé de la vie scolaire et de l'aménagement des rythmes scolaires.

Le projet de modification des rythmes scolaires dans les écoles de la ville de Paris, engagé par le rectorat en accord avec la Ville, a placé Éric Ferrand en première ligne face à des mouvements d'enseignants mécontents et à des fédérations de parents d'élèves exigeantes.

Question : quelles leçons en tirer ?

« Il est légitime que des parents interrogent l'école, qu'ils posent des questions, qu'ils s'intéressent à ce qui est fait avec leurs enfants et, en cas de problèmes, qu'ils interpellent l'académie. Tout cela ne devrait pas être tabou. C'est malheureusement encore trop souvent le cas.

Question : on a l'impression que l'école, c'est toujours, comme disait Jules Ferry, « Lire, écrire, compter ». Rien n'a changé ?

L'école n'est pas seulement là pour transmettre des savoirs ! C'est une politique publique, l'école. Elle vise l'intérêt général, donc les politiques doivent pouvoir agir.

Question : théoriquement oui, mais vous avez reculé sur les rythmes scolaires ?

Nous menons une négociation et nous la reprendrons. Il faut rappeler une chose : l'école élémentaire est communale depuis 170 ans, depuis les lois Guizot ; c'est le lieu de l'instruction publique assurée par l'Éducation nationale et lieu d'accueil extrascolaire assuré par la collectivité. En principe, les locaux peuvent être utilisés par la commune, en dehors des heures scolaires, comme elle l'entend.

Question : mais les enseignants s'y sont opposés et certains parents aussi.

Oui, mais ce ne sont pas les professionnels de l'école, même s'ils ont un savoir pédagogique qui définissent l'intérêt public et qui font la loi.

Il y a un droit commun qui régit l'école, y compris en termes de programmes et de méthodes. Les parents ne le savent pas toujours.

Question : vous avez eu aussi des désaccords avec des fédérations de parents d'élèves ?

La plupart des parents souhaitent le changement. Je reçois plein de lettres de parents qui me demandent quand, enfin, la réforme sera décidée et appliquée.

La présence de parents reconnus comme de véritables interlocuteurs est donc nécessaire mais actuellement, il y a un problème de représentativité des parents élus.

Traditionnellement, il y a toujours eu deux fédérations de parents d'élèves, l'une plutôt teintée à droite, l'autre teintée à gauche, encore que ce n'est pas vraiment en ces termes qu'adhèrent les parents. À gauche, il y a une tradition d'éducation populaire qui pose bien la question de l'école en termes de mission publique et d'accès égal pour tous à l'instruction.

Mais aujourd'hui, ce positionnement politique, militant, est beaucoup moins visible. Les fédérations restent militantes mais les adhérents, beaucoup moins.

Question : vous pensez que les fédérations ne sont pas représentatives de tous les parents ?

Pour certains parents, notamment ceux qui sont issus de l'immigration, la représentation de l'État dans son image institutionnelle la plus proche, c'est l'école. D'où l'importance qu'ils attachent aux directeurs d'école et aux enseignants. Ce qu'ils attendent de l'école, en termes de reconnaissance, d'intégration et de réussite des enfants est immense.

C'est tout aussi important pour l'intégration sociale des personnes défavorisées qui ne sont pas issues de l'immigration. Mais ces parents d'élèves, dans l'ensemble, n'adhèrent pas aux fédérations ni aux associations de parents d'élèves. Cela pose un vrai problème.

Ce qui fonde une représentation politique des parents est mis à mal à cause d'un rapport d'usage que certains parents, y compris des parents élus, ont par rapport à leur appartenance à une fédération. S'ils s'en servent pour défendre leurs intérêts personnels, leur légitimité devient contestable !

Il me semble que, quels que soient les points de discussion sur tel ou tel aménagement, ce qui s'est joué autour des rythmes scolaires est aussi une crise de la représentation tant au sein des parents d'élèves que dans le monde enseignant.

Question : que va-t-il se passer à la rentrée ?

Nous allons poser quelques questions très simples à tous les parents individuellement et aux professionnels. Nous déciderons en fonction de cette très large consultation.

Cette crise est salutaire. Elle oblige les parties, dans leur ensemble, à repenser leur implication dans l'école et le rôle de l'école.

Les parents d'élèves ont une place dans l'institution (ils siègent dans les conseils d'école, ou d'administration des établissements secondaires) ; ils ont un rôle à jouer à condition de retrouver leurs bases.

Par ailleurs, l'école ne doit pas être un tabou, elle ne doit pas être un monde à part qui fonctionne selon ses propres règles.

L'école est l'instrument d'une politique publique d'accès généralisé à l'instruction. Pas plus mais pas moins. Les parents d'élèves sont là aussi pour veiller à ce qu'elle remplisse son rôle. Ce sont des réalités très simples, c'est la notion d'intérêt général mais les conflits autour des rythmes scolaires montrent bien que ce principe n'est toujours pas acquis.

chapitre 22

Le périscolaire

Le périscolaire concerne toutes les activités des élèves, hors temps scolaire, qu'elles aient lieu dans les locaux scolaires ou dans d'autres bâtiments. Ces activités périscolaires sont aujourd'hui concoctées par l'administration, les collectivités territoriales, les associations et les organismes à vocation sociale et familiale.

Il existe un dispositif spécifique qui peut servir de cadre à l'organisation du temps périscolaire : c'est le Contrat éducatif local. Ces contrats sont prévus pour trois ans, ils sont renouvelables et ils ont pour but de mettre en cohérence différentes activités en fonction d'un projet « territorial ». Autrement dit, en fonction du quartier où se trouvent les établissements scolaires.

L'interclasse

Elle a lieu généralement entre 11 h 30 et 13 h 30. Dans la plupart des écoles élémentaires, il y a deux services de cantine. Les repas sont servis par le personnel municipal (caisse des écoles) et les surveillants se répartissent généralement entre le réfectoire, la cour, le préau et la bibliothèque.

Le manque de personnel pose actuellement de nombreux problèmes. L'interclasse n'est ni un moment de réelle détente, ni un moment éducatif.

L'étude surveillée et la garderie

Après l'école, vous pouvez laisser votre enfant jusqu'à 18 heures à la garderie ou à l'étude surveillée. La surveillance incombe normalement à du personnel communal ou à des enseignants volontaires rémunérés par l'État. En primaire, les études sont « surveillées » mais pas nécessairement « dirigées ». Mieux vaut donc vérifier les cahiers.

Depuis la création par l'État en 1997 des emplois-jeunes, les études surveillées sont souvent assurées par des aides-éducateurs. C'est un progrès incontestable et on imagine mal aujourd'hui comment l'Éducation nationale pourrait se passer de ces emplois.

L'étude surveillée a lieu dans le primaire entre 17 heures et 18 heures, après le goûter. Elle est payante et bénéficie du même tarif dégressif que la cantine.

À la maternelle, le goûter est fourni à l'école. Vous pouvez généralement aller chercher votre enfant entre 17 h 30 et 18 h, heure de sortie maximum.

À l'école élémentaire : c'est vous qui fournissez le goûter et l'heure de la sortie est à 18 heures.

Le périscolaire : un héritage historique

Le périscolaire a une histoire liée à la création de la caisse des écoles (Paris, 1849), à la création de l'œuvre des pupilles de l'enseignement public (1915), à la ligue de l'enseignement (1866) et à l'Office central de coopération (1928).

Autant dire que le périscolaire est historiquement ancré dans l'école (un des objectifs étant de favoriser la fréquentation scolaire, d'aider les familles et d'offrir une éducation populaire), dans la tradition des œuvres caritatives puis, avec l'émergence d'une conscience plus sociale que caritative, dans les mouvements solidaires de l'éducation populaire.

Le périscolaire, enfant de l'éducation populaire

Cet héritage historique a pour conséquence une certaine proximité du périscolaire avec l'univers scolaire proprement dit. Cependant, bien que proches de l'univers de l'école, les fédérations sportives et culturelles du périscolaire ont conservé une dimension militante plus forte que dans le monde enseignant.

La Ligue de l'enseignement, créée en 1866 par Jean Macé, est organisée en fédérations départementales (Fédérations des amicales laïques ou Fédération des œuvres laïques) et, à la fin du XIXe siècle, elle a acquis avec la création de l'école publique, une forte influence.

Avec plus de 3 millions d'adhérents, la Ligue a pour objectif de faciliter l'accès de tous au sport, au théâtre, au cinéma, à la lecture, etc. C'est la plus importante fédération d'associations éducatives. Outre l'Institut coopératif moderne, la Fédération des œuvres éducatives et de vacances de l'Éducation nationale est, elle aussi, une puissante fédération : elle est présente dans les foyers socio-éducatifs et participe aux projets d'actions éducative, notamment dans le cadre des Zones d'éducation prioritaires.

Des fédérations dynamiques

La plupart des autres associations ou fédérations intervenant dans le périscolaire sont à vocation sportive. La puissante USEP, Union sportive de l'enseignement primaire, issue de la Ligue de l'enseignement et de l'Union des fédérations des œuvres laïques (UFOLEP, créée en 1930) a vu le jour en 1939. Son but est de combler l'absence de l'école primaire dans les autres fédérations.

Aujourd'hui, l'USEP représente plus de 14 000 associations, incluant également les écoles maternelles.

L'Union nationale du sport scolaire (UNSS) fédère les associations sportives du second degré. Elle compte près de 10 000 associations ou sections.

Autant dire que ces fédérations sont puissantes et que leur rapport avec l'Éducation nationale est ambivalent. Elles sont à la fois proches des enseignants et en même temps issues d'une tradition d'éducation populaire qui s'est démarquée de l'Éducation nationale et a affirmé son originalité. Par ailleurs, il existe un enjeu de reconnaissance par rapport aux fonctionnaires de l'État.

Ainsi, toute tentative de modification des rythmes scolaires peut-elle se heurter aussi bien à l'Éducation nationale et à ses professionnels qu'aux puissantes fédérations qui défendent parfois, elles aussi, une forme de monopole.

Moins de jeux, moins de culture, plus de scolaire

Or, le périscolaire est de moins en moins reconnu comme un élément, sinon central, du moins essentiel pour le développement de l'enfant. L'obsession des acquis scolaires, l'utilisation de la télévision, d'internet et tous les équipements modernes contraignent les fédérations à travailler autrement et à faire preuve d'inventivité. Une tendance se fait jour actuellement : le développement de l'accompagnement, ou du soutien scolaire en temps périscolaire, qui se fait au détriment d'activités ludiques.

Ce qui ne manque pas de piquant, car pendant que la tendance est à scolariser le périscolaire, l'école, elle, se veut ouverte sur la vie et propose de plus en plus souvent des activités non scolaires !

Malgré l'importance des fédérations, il n'y a pas assez d'activités culturelles et artistiques.

Certains parents ont par ailleurs une étrange conception du périscolaire, de l'artistique et du ludique. Si on leur propose des ateliers de danse, de musique, de dessin, de sport et d'apprentissage de l'anglais, quels sont ceux qui seront pleins dès le premier jour ? L'anglais bien sûr, ça, au moins, c'est utile et ça ne change pas trop de l'école !

chapitre 23

L'école et l'argent
Les écoles
n'ont pas d'autonomie
de gestion financière

La coopérative scolaire

Utilisée dans le cadre de la classe ou pour l'école dans son ensemble, la coopérative scolaire a pour but de financer des activités complémentaires à la scolarité.

En 1928 a été créé l'Office central de la coopération, une association qui existe au niveau local, départemental et national. Son objectif est de « faire des hommes responsables et solidaires pour que chacun s'élève à une pleine vie personnelle, et, tous ensemble, à une pleine vie sociale ».

Les coopératives scolaires qui existent dans pratiquement toutes les écoles sont adhérentes de l'OCCE. En principe, la coopérative est une « société d'élèves gérée par eux avec le concours d'un ou plusieurs maîtres en vue d'activités communes ». Les maîtres ne sont pas obligés d'avoir une coopérative dans leur classe et les parents ne sont pas obligés de participer financièrement à la coopérative.

Vous trouverez en principe tous les mois, dans le cahier de votre enfant, une enveloppe de coopérative dans laquelle vous glisserez votre contribution dont vous aurez noté le montant. Si vous ne voulez pas participer, vous devez quand même renvoyer le papier signé.

Normalement, l'enseignant doit vous tenir au courant de l'utilisation de ces fonds mais comme il n'y a pas de réunion avec les parents en cours d'année, il n'en a pas l'occasion. Pourtant, la coopérative scolaire pose un vrai problème. En effet, l'argent collecté doit être géré avec les élèves (sauf en maternelle) et il ne doit pas être utilisé pour le matériel pédagogique.

En général, une partie de l'argent collecté est placé dans un tronc commun de l'école et le reste est géré classe par classe pour financer des sorties ou des projets.

Voici une mise au point effectuée par l'Office central de la coopération à l'école le 13 février 2001 :

« La coopérative scolaire OCCE doit respecter le fonctionnement qui vise à en faire une association de mineurs poursuivant, avec les adultes de la communauté scolaire, des objectifs éducatifs... Le conseil de coopérative, structure de décision, d'échange, de gestion et de régulation, est l'élément de base de la coopérative scolaire. Les élèves y tiennent le plus tôt possible une place essentielle leur permettant d'acquérir, par la pratique, les compétences nécessaires à l'exercice de responsabilités dans une société démocratique. Le compte rendu d'activité, le bilan financier, ainsi que les projets de la coopérative scolaire sont présentés en assemblée générale de la coopérative et au conseil d'école, qui sont statutairement le lieu d'échange et d'information entre les enseignants, maîtres d'œuvre du projet pédagogique dans l'école, et leurs partenaires.

La coopérative scolaire n'a pas pour but de se substituer aux obligations des collectivités territoriales concernant les charges d'entretien et de fonctionnement des écoles publiques. Elle ne doit contribuer ni à la réalisation de travaux, ni à l'achat ou à la location de moyens d'enseignement (photocopieurs, manuels ou fournitures scolaires), ni au financement des activités pédagogiques obligatoires intégrées dans le projet d'école et soumises au conseil d'école.

Si vous vous intéressez à la question, vous avez le droit, en tant que coopérateur, de consulter les comptes de la coopérative et de protester contre certaines utilisations (par exemple, les fonds utilisés pour des photocopies ou du matériel pédagogique). N'hésitez pas non plus à poser des questions au sujet de l'esprit même de la coopérative : quand et comment les élèves sont-ils associés ou non à la gestion de ces fonds, aux choix d'activités financées par ces fonds, etc. Cette dimension civique est souvent négligée ou oubliée.

Qui finance ?

L'État finance bien entendu l'ensemble de ses fonctionnaires dont les enseignants et les emplois-jeunes. Les municipalités financent l'entretien et les travaux des écoles maternelles et élémentaires mais pour les collèges et lycées, c'est le conseil général avec une aide de l'État.

La plupart des écoles, collèges et lycées manquent de matériel pédagogique. Ce matériel doit être normalement financé par les municipalités et le conseil général. Mais vous constaterez, notamment en élémentaire, que les enseignants ne disposent même pas de moyens pour faire des photocopies !

Combien coûte une rentrée scolaire ?

Le coût moyen de la rentrée pour un enfant d'âge scolaire est d'environ 122 euros (800 F). Pour un lycéen, la rentrée coûte en moyenne 183 euros (1 200 F).

Comment obtenir une bourse ?

Au collège

Vous devez demander un dossier au secrétariat de l'établissement. Les bourses sont attribuées aux familles les plus démunies qui ont des enfants inscrits au Collège. Les droits sont calculés en fonction des ressources et des revenus. Trois paliers existent :

À la rentrée 2002, le montant annuel est soit de **54,90 euros (360 F) 176,10 euros (1 155 F)** ou **282,90 euros (1 855 F)**.

Elles sont versées en trois fois.

Au lycée

Les bourses sont attribuées aux élèves scolarisés en lycée et en établissements régionaux d'enseignement adapté (EREA). Elles sont exprimées en parts unitaires et varient d'un palier de 3 à 10 parts en fonction des ressources et des charges des familles. Le montant d'une part est de **39,36 euros (258 F)** à la rentrée 2002.

Elles sont versées en trois fois.

Des parts supplémentaires ou des primes peuvent s'ajouter en fonction de la scolarité de l'élève boursier :

– prime d'entrée en seconde, en première et en terminale : elle est versée avec le premier terme de bourse. Son montant est de **213,43 euros (1 400 F)**.

– prime d'équipement ; versée avec le premier terme de bourse, son montant est de **336 euros (2 200 F)**.

– prime de qualification, versée en trois fois avec la bourse. Son montant est de **428,55 euros (2 811 F)**.

Les bourses au mérite

Créées en 2000, ces bourses ont pour but d'aider des boursiers de collèges et de 3ᵉ technologiques au lycée à poursuivre leurs études dans de bonnes conditions. Le critère d'attribution est un très bon résultat au brevet des collèges. Ce complément de bourse est d'un montant annuel de **762,27 euros (5 000 F)** payé en trois fois comme la bourse de lycée. L'élève et son représentant légal s'engagent par écrit à la poursuite de la scolarité du boursier.

Bourses d'enseignement d'adaptation

Elles sont attribuées par les inspecteurs d'académie aux élèves soumis à l'obligation scolaire (de 6 à 16 ans) qui ont des difficultés particulières à l'école primaire et au collège. Le montant de la bourse varie de 2 à 6 parts. Le taux annuel de la part est fixé à **25,68 euros (168 F)**. La bourse est versée en trois fois.

Les autres aides dans le primaire

Vous pouvez demander en septembre un dossier à la caisse des écoles pour obtenir un tarif dégressif pour la cantine. Les caisses des écoles peuvent proposer des échelles de prix qui peuvent varier de 1 à 20 parfois. Mais généralement, il y a 5 tarifs. Le tarif est calculé en fonction des revenus et des charges.

Prime à l'internat

Dans le cadre du plan de relance de l'internat scolaire, une prime à l'internat a été créée en 2001.

Cette prime est versée automatiquement à tous les élèves boursiers nationaux scolarisés en internat. Son montant forfaitaire annuel est de **231 euros (1 500 F)**. Les familles n'ont pas de dossier supplémentaire à remplir. Elle est versée sous forme de déduction trimestrielle sur la facture des frais de pension.

Les autres aides dans le second degré

Le fonds social collégien

Créé en 1995, il doit permettre de répondre à des situations d'urgence. Cette aide exceptionnelle peut être une aide directe ou sous forme de prestations (frais de demi-pension, fournitures, etc.). La demande doit être faite auprès de l'assistante sociale ou du chef d'établissement qui consulte le conseil de classe et prend sa décision.

Le fonds social lycéen

Il fonctionne selon le même principe que le fonds social collégien. Il est principalement destiné à couvrir des frais de scolarité.

Le fonds social pour les cantines

Créé en 1997, le fonds social des cantines doit permettre aux collégiens et lycéens des familles défavorisées de fréquenter la cantine de leur établissement. C'est le chef d'établisssement qui détermine, après avis du conseil d'administration, les modalités et critères d'attribution.

Les familles doivent se rendre au secrétariat de l'établissement pour demander les documents à remplir pour ces différentes aides.

Conclusion
Être un bon parent d'élève
Usager ou citoyen ?

Vous l'avez compris, être un bon parent d'élève ne va pas de soi.

Ces dernières années, on a fait de plus en plus appel à la participation des parents dans les écoles communales et les établissements de second degré. Les discours officiels parlent de revaloriser la fonction parentale, de la soutenir, de l'accompagner.

On a créé une figure unisexe du parent et une figure de l'élève « individu », coupé de son environnement et de ses origines avec, en face, un interlocuteur unique, un corps, l'Éducation nationale, uni dès que l'un des siens est attaqué mais, en réalité, profondément divisé.

Mais de quel parent parle-t-on ? Est-ce du parent-usager qui viendrait alors se substituer à l'élève et qui adopterait une position de consommateur plus ou mois exigeant ? On voit bien quels énormes malentendus créent de telles représentations. Quel peut être l'intérêt d'un parent d'élève sinon celui des élèves ? Quel est le but de l'école, sinon l'instruction publique, c'est-à-dire les élèves ? En quoi ces intérêts, outre le regard porté sur la question, sont-ils divergents ?

L'école n'est pas plus au service de la fonction éducative des parents que l'inverse. Et il est temps de recentrer le débat sur l'enfant. Si nous intervenons dans l'école, ce n'est pas pour obtenir une école à notre goût mais parce que nous connaissons nos enfants, nous les écoutons et nous voulons porter leur parole.

Lorsqu'un enseignant, pour une raison ou pour une autre, ne peut pas assurer sa mission, ce qui est en cause, ce n'est pas l'intérêt de l'école contre celle des parents, mais l'intérêt des enfants. Lorsqu'une méthode d'apprentissage se révèle calamiteuse, ce qui est en jeu, ce n'est pas la liberté pédagogique des enseignants mais l'intérêt des élèves.

L'ensemble des problèmes qui se posent à l'école, les programmes, les méthodes d'apprentissage, la discipline, l'orientation, l'échec scolaire doivent être abordés, une fois pour toutes, d'un point de vue « citoyen ». Le mot est galvaudé mais il exprime, dans le contexte, la notion d'intérêt des enfants. Pas celle de chaque individu-enfant, de chaque individu-parent, de chaque individu-enseignant mais celle d'une collectivité d'enfants, celle qui fait et fera la société. Mais comment ? Avec nous ou seule ? Avec un savoir, une histoire et des valeurs universelles que les enfants expérimenteront à l'école ou seulement par des mots vidés de leur sens ?

L'intérêt des élèves, de tous les élèves, doit devenir enfin l'intérêt commun des équipes enseignantes et des familles. Il est temps aussi de mettre en pratique les recommandations de participation des élèves. En associant les élèves à l'élaboration des règlements intérieurs, on agit beaucoup plus efficacement qu'en rajoutant une heure d'éducation civique dans les programmes.

Rien ne changera par la magie des bonnes intentions. Pour que les élèves soient réceptifs aux contenus de l'enseignement et aux vertus critiques qu'ils doivent comporter, l'expérience qu'ils font de l'école doit changer. Si l'école continue à favoriser la concurrence et la soumission pure et simple à la parole du maître, si l'école est injuste, si elle ne reconnaît pas les élèves et leurs familles comme des interlocuteurs égaux, l'Éducation nationale pourra toujours définir d'ambitieux objectifs dans un jargon indescriptible : ni les élèves, ni les profs, ni les familles ne verront de leurs yeux la situation changer et les enfants mieux apprendre, mieux grandir et mieux vivre ensemble.

Descendons sur terre et regardons ce qui se passe réellement : la solitude et la désorientation des élèves, leur découragement, leur perte de confiance dans l'adulte, la détérioration des relations qu'ils entretiennent entre eux. Il est courant aujourd'hui d'en rejeter la faute sur les familles.

Or, l'une des missions, peut-être la plus essentielle de l'école, a été dès le début de l'Instruction publique, d'assumer la fonction de socialisation des enfants et d'en faire des citoyens. Il faut donc refuser cette culpabilisation. Les enfants dont le comportement est difficile ont souvent des familles plutôt autoritaires, sévères et soumises aux exigences de l'école. Ce n'est donc pas toujours un problème d'autorité.

Au sein même de l'Éducation nationale, des voix s'élèvent pour réclamer une modification du statut de l'enseignant.

D'ici à 2010 il y aura 500 000 départs à la retraite dans l'Éducation nationale. Claude Thélot du Haut Conseil de l'évaluation de l'école prône une école plus juste. Tout en refusant d'être taxé de « libéralisme », il déclarait en juin 2002 dans *Libération* : « Enseigner est désormais un métier qui exige un professionnalisme accru et précis. D'où la nécessité d'en évaluer la maîtrise. Il faudrait pouvoir refuser à un étudiant ayant réussi un concours d'enseignement sa titularisation quand on détecte une personne qui n'a visiblement pas les compétences nécessaires. » Dans les années à venir, il faudra choisir : protéger une corporation ou favoriser les enfants. Le moment s'y prête...

Quoi qu'il en soit, l'école ne peut pas être laissée aux seuls enseignants. Les parents doivent s'organiser collectivement et participer à des associations de parents d'élèves. C'est le meilleur moyen pour eux d'intervenir de manière collective pour assumer leur part de responsabilité éducative.

Cette responsabilité, nous en sommes convaincus, ne s'arrête pas aux portes de l'école. C'est pourquoi tout parent devrait aujourd'hui devenir un « expert » de l'école pour dialoguer avec elle d'égal à égal. C'est à nous tous, familles et enseignants de ne pas manquer, non seulement l'école mais son but principal : l'épanouissement de l'enfant. la réussite et le bien-être de l'élève.

Horaires, adresses et calendriers scolaires

Maternelle et élémentaire

Horaires fixés par arrêté du 25 janvier 2002

Cycle des apprentissages fondamentaux

Maîtrise du langage et de la langue française	minimum : 9 heures	maximum : 10 heures
Vivre ensemble : débat hebdomadaire	0 h 30	
Mathématiques	minimum : 5 heures	maximum : 5 h 30
Découvrir le monde	minimum : 3 heures	maximum : 3 h 30
Langue étrangère ou régionale	minimum : 1 heure	maximum : 2 heures
Éducation artistique	3 heures	
Éducation physique et sportive	3 heures	

TOTAL 26 HEURES

Les activités quotidiennes de lecture et d'écriture sont mises en œuvre dans les différents domaines disciplinaires ; le temps qui leur est consacré s'inclut donc dans la répartition horaire définie pour ceux-ci.

Cycle des approfondissements

Littérature (dire, lire, écrire)	4 h 30	5 h 30
Observation réfléchie de la langue française (grammaire, conjugaison, orthographe, vocabulaire)	1 h 30	2 heures
Langue étrangère ou régionale	1 h 30	2 heures
Histoire et géographie	3 heures	3 h 30
Vie collective (débat rgl)	0 h 30	
Mathématiques	5 heures	5 h 30
Sciences expérimentales et technologie	2 h 30	3 heures
Éducation artistique, éducation musicale, arts visuels	3 heures	
Éducation sportive	3 heures	

TOTAL 26 HEURES

Domaines transversaux	Horaires
Maîtrise du langage et de la langue française	13 heures réparties dans tous les champs disciplinaires dont deux heures quotidiennes pour des activités de lecture et d'écriture
Éducation civique	1 heure répartie dans tous les champs disciplinaires et 0 h 30 pour le débat hebdomadaire

COLLÈGE

Horaires d'enseignement de la 6ᵉ à la 3ᵉ
Enseignement obligatoire

matières	6ᵉ	5ᵉ	4ᵉ	3ᵉ
Français	4 heures	3 h 30 4 h 30	3 h 30 4 h 30	4 h 30
Mathématiques	4 heures	3 h 30 4 h 30	3 h 30 4 h 30	4 heures
Langue vivante 1	4 heures	3 / 4 heures	3 / 4 heures	3 heures
Histoire Géographie Instruction civique	3 heures	3 / 4 heures	3 / 4 heures	3 h 30
Sciences de la vie et de la terre	1 h 30	1 h 30 2 heures	1 h 30 2 heures	
Technologie	1 h 30	2 / 3 heures	2 / 3 heures	2 heures
Arts plastiques Éducation musicale	1 heure	2 / 3 heures	2 / 3 heures	2 heures
Éducation physique	4 heures	3 heures	3 heures	3 heures

Options

Les options du tableau suivant ne sont pas obligatoires à l'exception de la classe de la quatrième où une matière optionnelle est obligatoire.

Options	6e	5e	4e	3e
Langue vivante 2			3 heures	3 heures
Grec				3 heures
Langue régionale			3 heures	3 heures
Latin		2 heures	3 heures	3 heures
Technologie ou langue vivante 1 renforcé pour la 3e			3 heures	2 heures
Soutien aux élèves en difficulté	2 heures			
Total du nombre d'heures de cours avec ou sans options	entre 23 et 26 heures	entre 22 et 25 heures	26 heures en moyenne	21 heures + possibilité de 3 heures facultatives

LYCÉE

Horaires du cycle terminal

Le cycle terminal est orienté vers la perspective de l'examen final, le baccalauréat. C'est un aspect qu'il faut garder à l'esprit – sans en faire une fixation – dans les choix de filières et d'options.

Horaires des trois filières de l'enseignement général

Série économique et sociale

Classe de Première
Enseignements obligatoires

Matières	Horaires
Enseignements obligatoires	2 / 24 heures
Sciences économiques et sociales	4 heures / 4 heures 30
Histoire-géographie	4 heures
Français	4 heures
Mathématiques	2 heures et demie / 3 heures
Langue vivante 1	1 heure et demie / 2 heures et demie
Langue vivante 2	1 heure / 2 heures
Enseignement scientifique	1 heure / deux heures
Éducation physique et sportive	2 heures
Éducation civique, juridique et sociale	1 demi-heure

Les différences d'horaires sont liées en langue à la possibilité d'ajouter un cours de conversation avec un assistant en langue. Dans les disciplines scientifiques, l'horaire est plus chargé si un cours de biologie est délivré. Enfin, les différences d'horaires dépendent de la discipline dans laquelle sont effectués les Travaux personnels encadrés.

À ces enseignements obligatoires s'ajoutent des enseignements obligatoires au choix. Cette formulation concerne un certain nombre d'heures d'enseignement obligatoire qui peuvent être choisies dans différentes disciplines.

Enseignements obligatoires au choix

Matières	Horaires
Mathématiques	2 heures
Langue vivante 1 ou 2	2 heures
Sciences économiques et sociales	2 heures
Travaux personnels encadrés	minimum 2 heures annuelles dans l'établissement
Heures de vie de classe	10 heures annuelles
Ateliers d'expression artistique	72 heures annuelles

Options facultatives au choix

Matières	Horaires
Latin	3 heures
Grec	3 heures
Langue vivante 3	3 heures
Éducation physique et sportive	3 heures
Arts	3 heures

L'option « Art » comprend des disciplines différentes dans chaque établissement : arts plastiques, cinéma-audiovisuel, histoire des arts, musique, danse, théâtre-expression dramatique.

Série Économique et Sociale
Classe de terminale

Enseignements obligatoires

Matières	Horaires
Sciences économiques et sociales	5 heures / 5 heures et demie
Histoire et géographie	4 heures
Philosophie	4 heures
Mathématiques	4 heures
Langue vivante 1	1 / 2 heures
Langue vivante 2	1 / 2 heures
Éducation physique et sportive	2 heures
Éducation civique, juridique et sociale	1 demi-heure

Enseignements de spécialité au choix

Matières	Horaires
Mathématiques	2 heures
Sciences économiques et sociales	2 heures
Langue vivante 1 ou 2	2 heures
Travaux personnels encadrés	2 heures
Heures de vie de classe	10 heures annuelles
Ateliers d'expression artistique	72 heures annuelles

Options facultatives au choix

Matières	Horaires
Latin	3 heures
Grec	3 heures
Langue vivante 3	3 heures
Éducation physique et sportive	3 heures
Arts	3 heures

Série scientifique : horaires des enseignements du cycle terminal
Classe de première :
Enseignements obligatoires.

Certains des enseignements de la série scientifique concernent à la fois les filières de l'enseignement général et celles des lycées d'enseignement général et technologique agricole.

Dans certaines matières, les programmes sont beaucoup moins lourds dans les lycées d'enseignement agricole que dans les lycées d'enseignement général. Par exemple, les sciences de l'ingénieur comportent 8 heures hebdomadaires dans un lycée d'enseignement général et seulement 2 dans un lycée d'enseignement agricole.

Matières	Horaires
Mathématiques	4 ou 5 heures
Physique-chimie	2 h et demie / 4 h et demie
Sciences de la vie ou	2 / 4 heures
Sciences de l'ingénieur ou	2 / 8 heures
Biologie-écologie	2 / 5 heures
Français	4 heures
Histoire-géo	2 h et demie
Langue vivante 1	1 / 2 heures
Langue vivante 2	1 / 2 heures
Agronomie-territoire-citoyenneté	1 / 3 heures et demie
Éducation physique et sportive	2 heures
Éducation civique, juridique et sociale	1 demi-heure

Travaux personnels encadrés	2 heures dans l'établissement sauf pour les élèves suivant 8 heures de sciences de l'ingénieur comprenant les TPE
Heures de vie en classe	10 heures annuelles
Ateliers d'expression artistique	72 heures dans l'année
Pratiques sociales et culturelles	72 heures dans l'année

Une option facultative au choix
Durée : 3 heures
Disciplines

Latin, grec, langue vivante 3, éducation physique et sportive, arts, hippologie et équitation

Classe terminale
Enseignements obligatoires

Matières	Horaires
Mathématiques	4 h et demie / 5 h et demie
Physique chimie	3 / 5 heures
Sciences de la vie et de la terre ou	2 h 3 h et demie
Sciences de l'ingénieur	2 / 8 heures
Biologie-écologie	2 / 5 heures
Philosophie	2 / 3 heures
Histoire-géographie	2 / 3 heures
Langue vivante 1	2 / 2 h et demie
Éducation physique et sportive	2 heures
Éducation civique, juridique et sociale	1 demi-heure

Enseignement de spécialité au choix
sauf pour les élèves en sciences de l'ingénieur

Matières	Horaires
Mathématiques	2 heures
Physique-chimie	2 heures
Sciences de la vie et de la terre	2 heures
Agronomie-territoires citoyenneté	2 heures
Travaux personnels encadrés	2 heures minimum
Heures de vie de classe	10 heures annuelles
Ateliers d'expression artistique	72 heures annuelles
Pratiques sociales et culturelles	72 heures annuelles

Une option facultative au choix
Durée : 3 heures

Latin, grec, langue vivante 2, langue vivante 3, éducation physique et sportive, arts, hippologie et équitation

Série Littéraire
Enseignements obligatoires

Matières	Horaires
Français	4 / 5 heures
Histoire-géographie	4 heures
Langue vivante 1	1 h et demie / 2 h et demie
Langue vivante 2 ou latin	3 heures
Mathématique-informatique	1 / 2 heures
Enseignement scientifique	1 / 2 heures
Éducation physique et sportive	2 heures
Éducation civique, juridique et sociale	1 demi-heure

Deux enseignements obligatoires au choix
La langue vivante 2 peut être une langue étrangère ou régionale

Matières	Horaires
Littérature	3 heures
Latin	3 heures
Grec	3 heures
Langue vivante 1, langue vivante 2 ou langue vivante 3	3 heures
Arts	4 / 5 heures
Travaux personnels encadrés	2 heures minimum en classe
Heures de vie de classe	10 heures annuelles

Ateliers d'expression artistique	72 heures annuelles

Une option facultative au choix

Matières	Horaires
Latin	3 heures
Grec	3 heures
Langue vivante 3	3 heures
Éducation physique et sportive	3 heures
Arts	3 heures

Classe de terminale
Enseignements obligatoires

Matières	Horaires
Philosophie	7 heures
Lettres	2 h 30
Langue vivante 1, langue vivante ou latin	1 / 2 heures
Histoire-géographie	4 heures
Éducation Physique et sportive	2 heures
Éducation civique et juridique	1 demi-heure

Deux enseignements de spécialités au choix

Matières	Horaires
Littérature option littératures étrangères	3 heures
Latin	3 heures
Grec	3 heures
langue vivante 1 ou langue vivante 2 ou langue vivante 3	3 heures
Arts	4 / 5 heures
Travaux personnels encadrés	minimum 2 heures dans l'établissement
Heures de vie de classe	10 heures annuelles
Ateliers d'expression artistique	72 heures annuelles

Une option facultative au choix
durée : 3 heures

Latin, grec, langue vivante 3, éducation physique et sportive, mathématiques, arts

Les vacances scolaires 2002/2003

ZONE A

Caen – Clermont-Ferrand – Grenoble – Lyon – Montpellier – Nancy-Metz – Nantes – Rennes – Toulouse

Rentrée scolaire des enseignants	Rentrée scolaire des élèves	Toussaint	Noël	Hiver	Printemps	Début des vacances d'été*
	(arrêté du 14/02/02 paru au *JO* du 22/02/02)					
Lundi [02-09-02]	Mardi [03-09-02]	Du mercredi [23-10-02] au lundi (04-11-02]	Du samedi [21-12-02] au lundi [06-01-03]	Du samedi [22-02-03] au lundi [10-03-03]	Du samedi [19-04-03] au lundi [05-05-03]	Samedi [28-06-03]

* Les enseignants appelés à participer aux opérations liées aux examens sont en service jusqu'à la date fixée pour la clôture de ces examens par la note de service établissant le calendrier de la session.

ZONE B

Aix-Marseille – Amiens – Besançon – Dijon – Lille – Limoges – Nice – Orléans-Tours – Poitiers – Reims – Rouen – Strasbourg

Rentrée scolaire des enseignants	Rentrée scolaire des élèves	Toussaint	Noël	Hiver	Printemps	Début des vacances d'été*
	(arrêté du 14/02/02 paru au *JO* du 22/02/02)					
Lundi [02-09-02]	Mardi [03-09-02]	Du mercredi [23-10-02] au lundi (04-11-02)	Du samedi [21-12-02] au lundi [06-01-03]	Du samedi [15-02-03] au lundi [03-03-03]	Du samedi [12-04-03] au lundi [28-04-03]	Samedi [28-06-03]

* Les enseignants appelés à participer aux opérations liées aux examens sont en service jusqu'à la date fixée pour la clôture de ces examens par la note de service établissant le calendrier de la session.

ZONE C

Bordeaux – Créteil – Paris – Versailles

Rentrée scolaire des enseignants	Rentrée scolaire des élèves	Toussaint	Noël	Hiver	Printemps	Début des vacances d'été*
	(arrêté du 14/02/02 paru au *JO* du 22/02/02)					
Lundi [02-09-02]	Mardi [03-09-02]	Du mercredi [23-10-02] au lundi (04-11-02)	Du samedi [21-12-02] au lundi [06-01-03]	Du samedi [08-02-03] au lundi [24-02-03]	Du samedi [05-04-03] au lundi [22-04-03]	Samedi [28-06-03]

* Les enseignants appelés à participer aux opérations liées aux examens sont en service jusqu'à la date fixée pour la clôture de ces examens par la note de service établissant le calendrier de la session.

Lexique/ Sigles/Adresses

Les associations de parents :

AIPE : Association indépendante de parents d'élèves

FCPE : Fédération des conseils de parents d'élèves des écoles publiques 108, avenue Ledru-Rollin, 75011 Paris. Tél : 01 43 57 16 16

FNAPE : Fédération nationale des associations de parents d'élèves

PEEP : Association de parents d'élèves de l'enseignement public 88, boulevard Berthier, 75017 Paris. Tél : 01 44 15 18 18

APEL : Association de parents d'élèves de l'enseignement libre des établissements privés (structures régionales, fédérées au niveau national par l'UNAPEL, 277, rue Saint-Jacques, 75005 Paris. Tél : 01 53 73 73 90

Jargon

« Ce qui se conçoit bien s'énonce clairement. » Si on en croit cette maxime, il y aurait un peu de confusion dans la tête des responsables des programmes. Ils semblent en effet mélanger les études de linguistique à la fac avec celles des enfants de 12 ans. Voici quelques exemples tirés d'un livre de sixième. De nombreux mots n'existent pas dans les éditions un peu anciennes du Larousse. Mais pourquoi faire simple quand on peut faire compliqué ? L'important n'est-il pas d'avoir l'air savant ? Voici comment un élève de 6ᵉ doit apprendre... et donc ce que vous devez apprendre pour l'aider !

Champ lexical : tous les mots qui se rapportent à un même thème.

Énonciateur : (ou émetteur) qui produit un énoncé qui émet un message.

Méliioratif : qui donne une vision valorisante de quelqu'un ou de quelque chose.

Niveau de langage : il renvoie à une situation d'énonciation.

Niveau de langage soutenu : emploi de termes et de construction recherchés.

Schéma actantiel : force agissante dans le déroulement de l'action d'un conte, d'un roman, d'une pièce de théâtre... Un sujet cherche à obtenir quelque chose (qu'on appelle l'objet de la quête). Il est aidé par un adjuvant, entravé par un opposant. Il agit pour lui ou pour un autre (destinataire), il est poussé par un personnage ou une force intérieure (destinateur).

Situation d'énonciation : situation dans laquelle un énoncé est produit.

Visée : intention particulière de l'énonciateur.

Help !

La « siglomanie » frappe dans l'enseignement au moins aussi fort qu'ailleurs. Alors, voici un petit lexique si vous voulez comprendre quand votre enfant (ou ses profs) vous parle de :

AI : Aide individualisée (heures de soutien en seconde)

ATP : Aide au travail personnel

CDE : Conseil des délégués des élèves. Il est présidé par le chef d'établissement et ses adjoints et propose ou donne son avis sur la vie ou le travail scolaire dans l'établissement

CDI : Centre de documentation et d'information, ou plus simplement bibliothèque (voire médiathèque). Obligatoire dans chaque établissement

CE : Cours élémentaire

CIDJ : Centre d'information et de documentation pour la jeunesse

CNDP : Centre national de documentation pédagogique

COP : Conseiller d'orientation psychologue

CP : Cours préparatoire

CM : Cours moyen

CPE : Conseiller principal d'éducation, responsable de l'organisation de la vie scolaire, c'est à lui que vous vous adressez par exemple pour excuser l'absence d'un enfant, ou connaître les absences de profs

DP : Demi-pensionnaire

ECJS : Éducation civique juridique et sociale

EPS : Éducation physique et sportive

ES : au lycée, filière économique et social

L : au lycée, filière littéraire

LA : Langues anciennes (latin, grec)

LEGT : Lycée d'enseignement général et technologique

LP : Lycée professionnel

LT : Lycée technique

LPO : Lycée polyvalent
LV1 : Première langue vivante
LV2 : Deuxième langue vivante
LV3 : Troisième langue vivante
LO : Langues orientales
NTA : Nouvelles technologies appliquées
NTIC : Nouvelles technologies de l'information et de la communication
ONISEP : Office national d'information sur les enseignements et les professions
PAC (classe à) : Classe à projets artistiques et culturels
PPCP : Projet pédagogique à caractère professionnel
Principal : chef d'établissement
Principal-adjoint : adjoint du chef d'établissement
Professeur principal : c'est votre interlocuteur principal à partir de la sixième ; il a plus précisément la responsabilité d'une classe, anime les conseils de classe et les réunions parents-professeurs
Proviseur : chef d'établissement (lycée ou collège-lycée)
Recteur : représente le ministre de l'Éducation nationale dans une académie
S : au lycée, filière scientifique
SAS : Section d'adaptation spécialisée, devant aider les élèves en difficulté à se réinsérer dans leur classe
Sections internationales :
TPE : Travaux personnels encadrés.

AAREIP :
Association d'aide à la reconnaissance des enfants intellectuellement précoces
L'AAREIP est une association de parents d'enfants intellectuellement précoces qui a, à la fois, une action éducative et d'entraide. Les associations départementales de l'AAREIP sont autonomes et ont une action essentiellement locale.
AAREIP Ain – Sylvie Maréchal – Tél : 04 74 98 26 52 – E.mail : marechal-sylvie@minitel.net
AAREIP Rhône – Martine Martinez – Tél : 04 72 57 67 64 – E.mail : aareip@wanadoo.fr

ᴀᴀʀᴇɪᴘ Sud-Ouest – Bertrand Garreau
– Tél : O5 56 95 80 75
ANPEIP :
Association nationale des parents d'enfants intellectuellement précoces
26, avenue Germaine – 06300 Nice – Tél : 04 93 89 93 37 Fax : 04 93 26 33 20
E.mail : 11-4254-2201@compuserve.com
Site internet : http ://anpeip.org

Établissements publics pour les surdoués

CLASSEMENT DANS L'ORDRE
DES NUMÉROS DE DÉPARTEMENTS

– Lycée Ozenne – 9, rue Merly – 31000 Toulouse – Tél : 05 61 11 58 00

– Collège Henri-Wallon – Rue Henri-Wallon – 38400 Saint-Martin-D'Hères – Tél : 04 76 25 52 16

– Collège Étienne-Restat – 47110 Sainte-Livrade-sur-Lot – Tél : 05 53 40 47 22

– Collège Joliot-Curie – 10, avenue de la Pagère – 69500 Bron – Tél : 04 78 26 05 20

Pratique une pédagogie différenciée (emploi du temps modulable, tutorat d'un professeur de référence, activités spécifiques aux enfants de QI élevé), formation des professeurs par la Mission académique de formation des professeurs de l'Éducation nationale, réunions d'analyse de la pratique des professeurs encadrées par une psychologue.

– Collège Maurice-Scève – 8, rue Thévenet – 69004 Lyon – Tél : 04 78 27 15 97

Même fonctionnement que le collège Joliot-Curie de Bron

– Collège Maurice Utrillo – Rue du Forest – 69400 Limas – Tél : 04 74 68 07 81

Même fonctionnement que le collège Joliot-Curie de Bron

– Collège Edmond-Rostand – 747, rue Richelieu, 73490 La Ravoire – Tél 04 79 72 94 12

– Collège de la Hève – Rue Boissaye du Bocage – 76310 Sainte-Adresse – Tél : 02 35 4673 78

- Collège Pablo-Picasso – Place Pablo-Picasso – 77420 Champ-sur-Marne – Tél : 01 64 73 16 00
- Collège du Cèdre – 9, rue Henri-Dunant – 78110 Le Vésinet – Tél : 01 30 71 61 23
- Collège des Explorateurs – 6, boulevard des Explorateurs – 95800 Cergy-le-Haut – Tél : 01 34 35 05 75

Les diplômes en bref

BAC PRO : Bac professionnel
BAFA : Brevet d'aptitude aux fonctions d'animation
BBA : Bachelor of business administration
BEP : Brevet d'études professionnelles
BMA : Brevet des métiers d'art
BSBA : Bachelor of science business administration
BT : Brevet de technicien
BTS : Brevet de technicien supérieur
BTSA : Brevet de technicien supérieur agricole
CAP : Certificat d'aptitude professionnelle
CAPE : Certificat d'aptitude au professorat des écoles
CAPES : Certificat d'aptitude au professorat de l'enseignement secondaire
CEP : Certificat d'études professionnelles
CFES : Certificat de fin d'études secondaires
DE : Diplôme d'État
DEA : Diplôme d'étude approfondie
DESS : Diplôme d'études supérieures spécialisées
DEUG : Diplôme d'études universitaires générales
DEUST : Diplôme d'études universitaire scientifiques et techniques
DPLG : Diplômé par le Gouvernement
DU : Diplôme d'université
DUT : Diplôme universitaire de technologie

Les BAC technologiques

STT : Sciences et technologies du Tertiaire
STI : Sciences et technologies industrielles
STL : Sciences et techniques de laboratoire

STAE : Sciences et techniques de l'aménagement et de l'environnement
BAC Musique et danse
BAC Arts appliqués
BAC Hôtellerie
préparent à des études techniques supérieures (BTS et DUT principalement)

Imprimé en France
Imprimerie des Presses Universitaires de France
73, avenue Ronsard, 41100 Vendôme
Juillet 2002 — N° 49 515